JN369455

아름다운 엔딩을 위한

웰다잉 수업

아름다운 엔딩을 위한 웰다잉 수업

초판 1쇄 발행 2024년 11월 10일

지은이 손희정

기획 · 편집 도은주, 류정화
마케팅 조명구

펴낸이 윤주용
펴낸곳 초록비공방

출판등록 2013년 4월 25일 제2013-000130
주소 서울시 마포구 동교로27길 53 308호
전화 0505-566-5522 팩스 02-6008-1777

메일 greenrainbooks@naver.com
인스타 @greenrainbooks @greenrain_1318
블로그 http://blog.naver.com/greenrainbooks

ISBN 979-11-93296-61-5 (03330)

* 정가는 책 뒤표지에 있습니다.
* 파손된 책은 구입처에서 교환하실 수 있습니다.
* 저작권을 준수하여 이 책의 전부 또는 일부를 어떤 형태로든 허락 없이
복제, 스캔, 배포하지 않는 여러분께 감사드립니다.

※ 이 도서는 2024년 문화체육관광부의 '중소출판사 도약부문 제작 지원' 사업의
지원을 받아 제작되었습니다.

어려운 것은 쉽게 쉬운 것은 깊게 깊은 것은 유쾌하게

초록비책공방은 여러분의 소중한 의견을 기다리고 있습니다.
원고 투고, 오탈자 제보, 제휴 제안은 greenrainbooks@naver.com으로 보내주세요.

아름다운 엔딩을 위한
웰다잉 수업

그림책으로 죽음에 대해 이야기하는 방법

손희정 지음

초록비책공방

들어가는 글

십여 년 전, 얼마간 호주에 머물렀던 적이 있다. 외국에서 발을 붙이고 사는 건 여행과 사뭇 달라 하루하루가 긴장의 연속이었다. 듣는 말을 놓치지 않으려고, 보는 것을 그냥 흘리지 않으려고 늘 놀란 토끼처럼 살았다. 그렇게 하면 마치 일어날 수 있는 모든 변수를 통제할 수 있을 것처럼.

하루는 살던 곳에서 차로 세 시간 반 떨어진 시드니에 다녀와야 할 일이 있었다. 겁도 없이 차를 잘 부렸다 싶더니 집으로 돌아가는 한밤에 그만 길을 잃고 말았다. 눈 크게 뜨고 나타나는 이정표마다 주목했는데도 한순간에 엉뚱한 길로 접어든 것이다. 어어, 하는 사이에 너른 하이웨이가 외길로 좁아지고 길을 밝히던 가로등도

꼬리 잘린 도마뱀처럼 모두 자취를 감추었다. 사위가 어찌나 깜깜한지, 말로만 듣던 '칠흑 같은 어둠'이 이런 거구나 싶었다. 엎친 데 덮친 격으로 계기판엔 빨간 주유등이 들어와 있었다. 자동차 헤드라이트에 간신히 의지한 채 더듬더듬 나아가는데 엄청난 두려움이 밀려왔다. 건물 하나, 지나가는 사람 하나 보이지 않았다. 어떡하지? 일단 차를 세우고 시동을 껐다. 그러고는 뛰는 가슴을 진정시키고자 핸드백 속에 상비약처럼 가지고 다니는 초콜릿을 꺼내 와구와구 씹었다(나는 온갖 핑계로 초콜릿을 먹는다).

위급상황에 대비해 휴대폰 배터리를 아껴야 했지만 나는 폰을 열어 저장된 음악 한 곡을 재생했다. 소프라노 조수미가 부르는 슈베르트의 〈아베 마리아Ave Maria〉.

"자비로운 어머니 마리아시여, 저의 기도를 들어주세요. 이 험하고 거친 바위로부터 제 기도가 당신에게 닿도록 허락해 주세요. 그러면 아침이 올 때까지 안전히 잠들 테니…"

그 밤엔 이 노래가 내 구원이고 소망이었다.

아무리 눈 크게 뜨고 귀 쫑긋 세운 채 살아도 우리 삶에 예기치 않은 사건은 언제든 일어난다. 유년 시절에 많은 사랑을 주었던 이모는 암을 선고받은 뒤 고통 속에 돌아가셨고, 성당에서 우리 식구와 막역한 사이였던 80세 어르신은 상처喪妻한 뒤 어느 날 손수 아침 식사까지 차려 드시곤 심장마비로 세상을 떠나셨다. 어릴 때부터 이웃사촌으로 누나 동생 하며 가까이 지내던 지인은 22세 꽃다운 나이에 스스로 목숨을 끊기도 했다.

반대로 나는 죽을 뻔한 위기를 몇 차례 면한 적이 있다. 1995년 삼풍백화점 사고 당일 건물 붕괴 한 시간 반 전에 백화점을 빠져나왔고, 2003년 2월에 발생했던 대구 지하철 참사에서는 친구와 만나기로 한 약속을 취소하는 바람에 살아남았다. 죽고 사는 일이 말 그대로 종이 한 장 차이였다. 무슨 연유로 누구는 살아남고 누구는 목숨을 잃게 되는 걸까? 답을 알 수 없는 생사의 가름 앞에서 '절대 어둠'을 마주하는 것 같은 막막함을 느꼈다. 그렇지만 오리무중인 것은 오리무중인 채로 놔두어야 할 것 같아 따로 삶과 죽음에 대해 골똘히 생각해 본 적은 없다. 그런 일들을 경험하면서도 그저 운명이려니 했다.

그로부터 세월이 흐른 뒤 '웰다잉Well-dying'을 만났다. 웰다잉이란 본래 '다잉 웰Dying well'의 한국식 표현으로 서구에서는 일찌감치 하나의 학문으로 자리 잡았다. 처음엔 용어부터 생소하고 무거워 마음이 가지 않았다. '죽음Death'은 생명이 다하여 더 이상 육신이 살아있지 않음을 의미하고 '죽어감Dying'은 죽음에 이르기까지의 과정 전체를 일컫는다. 비유하자면 붉게 타오르던 촛불이 시나브로 빛과 열기를 잃고 꺼지기까지의 연속된 시간을 말한다. 웰다잉은 이 연대기적 시간의 흐름 속에서 속절없이 죽음을 당하지 말고 당당히 죽음을 맞이하자는 것, 최대한 깨어 있자는 의미다. 인간으로서 존엄을 잃지 않으면서 생을 아름답게 마무리하자는 실천적 개념이기도 하다.

누구나 죽음을 두려워한다. 동서양 철학사의 수많은

학자가 인간 실존의 문제와 더불어 죽음을 탐구했지만, 인간은 원초적 본능으로 죽음을 거부한다. 머리 위 실한 가닥에 매달린 칼이 언제든 우리를 내리칠 수 있다는 '다모클레스의 칼The Sword of Damocles'을 모르지 않지만 참 이상스럽게도 일단 외면하고 본다. '메멘토 모리Memento Mori(죽음을 기억하라)'의 메시지가 곳곳에 보여도 눈 하나 깜짝하지 않는다. 죽는 거야 기정사실이지만 적어도 나는 아직 멀었다고, 오늘일 리 없다고 자가당착에 빠진다.

웰다잉을 처음 만났을 당시에 나는 오래도록 하던 일(교향악단 연주자)을 그만두고 그림책 강사로 전향해 십 년 가까이 일하고 있었다. 영어 그림책으로 유·아동 대상 독서지도를 했고, 청소년 대상으로는 그림책 인문학을, 성인들과는 그림책의 그림 읽기Visual Literacy나 작가별 깊이 읽기 수업을 진행했다. 글과 그림이 이끄는 세계로 들어가 다양한 인물, 다채로운 이야기와 놀았다. 이것으로 충분했다.

하지만 막상 웰다잉 공부를 시작하니 왜 이제야 만났

나 싶었다. 삶과 죽음을 이야기하는 자리가 선연했다. 무거운 주제로 가라앉는 것이 아니라 기꺼운 마음으로 더 알고 싶어졌다. 언제, 어디서, 어떻게 맞닥뜨릴지 모를 죽음을 생각할 때 주어진 삶을 의미 있게 영위하며 죽음을 편안히 받아들이는 일이 꼭 필요하다고 느꼈다. 내가 사고사할지, 병사할지 혹은 돌연사나 자연사로 생을 마감할지 모르는 일이지만, 모르기에 더욱 공부하고 이야기하고 전체 공론의 장으로 끌어와야겠다고 생각했다.

다만 웰다잉은 방대한 개념이기에 이를 혼자서 공부하기란 쉽지 않다. 개별 인간의 고유한 삶을 인정하고, 단순히 나이를 먹는다는 것과 잘 나이 듦을 말하는 '웰에이징Well-aging'의 개념을 구분하고, 사랑하는 이를 잃은 뒤의 상실과 비탄, 애도 후 다시 살아감의 과정을 이해하고, 자서전 쓰기와 장례문화 탐색까지 죽음 공부는 무척 다양하다. 마치 한 바구니 안에 담겨있지만 각각 다른 모양과 빛깔의 사과인 것처럼 여럿이 함께 들여다보고 만져보고 냄새 맡고 맛을 보면 좋겠다는 생각이다. 이것이 우리 모두에게 죽음 교육이 필요한 이유이다.

이와 같은 깨달음의 과정에서 새삼 놀라웠던 건 웰다잉이 말하는 노화, 죽음, 이별, 상실, 애도, 다시 살아감이라는 모든 주제가 이미 그림책 세계 안에 펼쳐져 있다는 점이었다. 그동안 내가 그림책을 읽고 보고 들으면서 사람들과 소통하던 것들. 그림책이야말로 이 묵직한 것들을 다루기에 적당한 손과 발이 되어줄 것 같았다. 그림책으로 우리 삶과 죽음을 이야기할 수 있음을 깨닫고 나는 무릎을 쳤다. 어쩌면 소중한 지인들의 느닷없고 가슴 아팠던 마지막을 그림책에 기대어 되돌아볼 수 있을 것 같았다. 몇 차례 죽음 가까이 다가섰다 저절로 멀어졌던 내 삶의 경험도.

그러한 마음으로 이 책에서 나는 그림책 몇 권을 소개해 보고자 한다. 억지로 '죽음' 또는 '웰다잉'이란 프리즘을 통해 보지 않아도 저절로 그리 읽히고 보이는 작품들이다. 아니, 도리어 그런 시각으로 볼 때 훨씬 풍부하게 읽히는 텍스트들이다. 가수 자이언티의 노랫말처럼 "그럴 땐 이 노래를(이 그림책을) 초콜릿처럼 꺼내먹어요."라고 흥얼거리게 되는 그런 그림책.

책의 제1부에서는 죽음에 대한 막연한 불안과 두려움으로 이야기의 포문을 연다. 머릿속 고정관념 또는 실체 없는 공포로 사시나무 떨듯 두려워하는 마음, 도저히 대면할 수 없어 한사코 거부하는 연약한 태도, 자기 본성을 깨닫지 못한 채 불확실성에 대비하는 인물을 만난다.

제2부에서는 찰나와 영원의 얇디얇은 벽을 함께 만져본다. 아흔아홉에서 갑자기 다섯 살이 되어버린 할머니, 나무 위에 '죽음'을 붙잡아 둔 여우 할아버지, 즐거운 소풍을 준비하며 마음이 한껏 달뜬 할아버지와도 조우한다. 노화와 죽음을 받아들이는 각양각색의 태도를 살펴보자.

제3부에서는 긴 여행을 앞두고 뒤에 남을 이들을 위해 선물을 준비하는 몸짓을 만난다. 그것은 소박한 손재주이기도 하고 삶의 지혜이기도 하며 함께 했던 시간을 갈무리하는 섬세한 손길이기도 하다. 떠난 이들이 남긴 것

을 알게 되면 저절로 마음이 뭉클해질 것이다.

제4부에서는 사랑하는 사람 또는 반려동물을 떠나보내고 마음이 무너진 이들을 대면한다. 인정할 수 없는 현실에 귀를 틀어막고 상처가 아물지 못하게 딱지를 뜯고 또 뜯는다. 가슴 깊이 울어내고 세월이 흐르면 달라질까? 몽골 초원에 울려 퍼지는 마두금의 구슬픈 선율에도 귀를 기울여 보기 바란다.

제5부에서는 삶과 죽음의 다채로운 모습을 들여다본다. 울고 웃으며 한 생을 살아낸 어르신들의 생생한 이야기와 먼동이 트면서 까만 밤이 물러나듯 모든 일에는 때가 있음을 말하는 이야기에 귀를 기울일 것이다. 또 우리나라 전통 상장례를 보여주는 귀한 그림책을 함께 감상한다.

마지막 제6부에서는 자연의 질서와 생명의 순환을 긍정하고 다시 살아갈 힘을 내는 씩씩한 인물들을 만나본다. 아름다웠던 지난날을 추억하는 모자와 마법 같은 말 한마디로 희망을 길어 올리는 엄마를 대면한다. 부서지고 무너진 폐허의 자리에서 새집을 짓는 사람들, 그들이 어떤 순간에든 멀리 보이는 빛을 향해 다시 나아갈 수 있음을 말해줄 것이다.

다양한 그림책 속 다채로운 인물들과 조우하는 이 자리에 독자 여러분을 초대한다. 그림책 속 주인공들이 저마다 삶의 무대에서 펼쳐내는 희로애락, 만남과 이별의 드라마를 보여주고 싶다. 그러다 보면 여러분도 가슴이 열리고 말문이 트일지도 모르겠다. 생의 기쁨과 좌절을 말하고 싶어서, 언제 닥칠지 모를 죽음과 상실에 대한 두려움을 솔직하게 토로하고 싶어서, 연로한 부모를 지켜보고 살펴드리는 일이 얼마나 버거운지 하소연하고 싶어서, 그럼에도 오늘을 잘 살아내고픈 소망을 가만히 드러내고 싶어서. 이런 마음을 가진 여러분을 온 마음으로 환영한다. 이 진솔한 자리에 아끼는 사람과 같이 오면 더 좋겠다.

이국에서 길을 잃었던 그 밤, 초콜릿을 씹어 먹자 방망이질 치던 가슴이 조금은 가라앉았다. 아니 가라앉는 성싶었다. 일단 휴대폰은 있으니 911에 전화를 걸어볼 수 있잖아? (그치만 전화가 안 터지면?) 그럼 경찰이든 보험사 직원이든 와줄 테지. (한국의 퀵출동 서비스 같은 게 있나 몰라) 설마 이런 데서 길 좀 잃었다고 죽기야 하겠어? (죽을 만큼 무서운데…) 무작정 버티면 아침이 밝을 테고 (내일의 태양이 안 떠오르면 어쩌지?) 등의 생각을 하면서 마음을 다져 먹고 차에서 내렸다.

자동차 헤드라이트가 겨우 일이백 미터 앞쪽을 비출 뿐, 주위는 거짓말처럼 새까맸다. 바로 옆으로 살쾡이나 웜뱃 또는 서양 귀신 따위가 어슬렁거리며 지나간다 해도 전혀 모를 만큼 완벽한 어둠이었다. 사방은 고요한데 어디선가 희미하게 유칼립투스 나무 냄새가 풍겼다. 현실감이 사라지면서 내가 유칼립투스 나무로 짠 관 속에, 호주 뉴사우스웨일스의 한 뼘 땅, 무덤에 들어가 있는가 싶었다.

그러다 문득 하늘을 올려다보았던가 보다. 그런데…, 아! 거짓말 같은 빛의 세상이 거기 펼쳐져 있었다. 별들이 무리 지어져 있다 못해 하나의 길고 긴 강이 되어 흐르고 있었다. 한국에서는 평생토록 단 한 번도 본 적 없는 휘황찬란한 별무리, 별천지, 별세계였다. "아, 은하수!" 하고 외쳤다. 밤하늘 천구에 투영된 별의 단면이 마치 은빛 강처럼 보이는 데서 유래한 명칭, 밀키웨이The Milky Way. 황홀했다. 꿈인지 생시인지 알 수 없이 압도되었다.

생각해 보면 그림책도, 웰다잉도 느닷없이 내게 찾아왔다. 예기치 않게 다가왔지만 밤하늘의 빛나는 강처럼 삶에 놀라움과 풍성함을 더해준 변수여서 다행이다. 우리의 삶에는 굴곡이 있고 의외의 서사가 있어 때로는 비틀거리고 넘어지겠지만, 오히려 길을 잃고 헤매다 은하수를 발견할 수 있을지도 모를 일이다, 그 밤의 나처럼. 이제부터 여러분에게 그 빛나는 별들의 무리가 될 이야기를 해보려 한다.

차 례

2부 노화와 죽음에 대처하는 우리의 자세

3부 사랑하는 이들을 위한 마지막 선물

4부 상실과 애도

5부. 삶과 죽음의 여러 얼굴

6부. 긍정하기와 다시 살아가기

1부

죽음에 대한 불안과 두려움

그림책은 누구나 쉽게 읽을 수 있지만 함축적인 글과 다채로운 그림으로 웅숭깊은 메시지를 전하는 특별한 매체다. 확장성이 좋아 어떤 주제와도 연결되고 여럿이 이야기 나누면서 소통하고 공감할 수 있다.

그림책은 판형이 다양한 데다 각 페이지의 장면 구성이나 책 전체에 흐르는 리듬감도 모두 다르다. 그래서 글과 그림이 어우러지면서 빚어내는 하모니를 생각하며 읽어야 더 재미있다. 그림책이니만큼 그림을 이루는 선과 색, 사용한 재료의 종류, 그림에 숨어있는 메시지를 살필 때 더 많은 의미를 발견하게 된다.

어린이를 1차 독자로 하는 그림책은 가족, 친구, 우정, 사랑, 희망, 성장을 다루는 데서 그치지 않고, 이제 생명과 노화, 상실과 이별, 애도와 그 이후의 삶까지로 주제가 확장되고 있다. '죽음'을 생각할 때 가장 먼저 느끼는 불안이나 두려움도 그림책이 즐겨 다루는 이야깃거리다.

두려움은 다양한 원인으로부터 생겨난다. 상상력이 증폭된 실체 없는 미지의 것, 눈앞에 빤히 보이더라도 어느 순간 어떻게 변할지 예상이 안 되는 것, 금기를 어기게 되더라도 기어이 행동하게 만드는 호기심, 머릿속에 뿌리 박힌 선입견, 왜곡된 기억 등. 또한 사랑하는 이에 대한 과도한 걱정 혹은 관계의 단절이나 특정 대상에 대한 혐오에서도 파생한다. 하지만 가장 절대적인 불안의 근원은 아무래도 죽음이다.

그림책을 보기 전에, 우리 안의 두려움과 불안을 그림으로 그려보면 어떨까? 무지 공책, 스케치북 혹은 A4용지도 좋다. 그리는 도구는 색연필이든 사인펜이든 볼펜이든 연필이든 무방하다. 그림을 잘 그리고 못 그리고는 신경 쓰지 말고 내 안의 불안을 어떤 모양과 색으로 표현하고 싶은지 그려보자. 가족과 친구와 같이 그려봤다면 각각의 불안이 어떻게 그려져 있는지 이야기를 나눠보자.

딱딱한 껍질 속 연약한 과육 같은 너

대학에서 음악을 전공했다. 중학교 3학년이던 열다섯 살에 오보에를 시작했다. 예전에는 "오보에를 전공했어요." 하면 "네?" 하는 반문이 돌아왔다. 그러다 롤랑 조페 감독의 영화 〈미션The Mission〉이 개봉된 뒤로는 "아하, 주인공 가브리엘 신부가 부는 그 악기죠? 따라라라라라~." 하고 알아보는 사람이 생겨났다. 영화로 악기의 생김새며 음색이 널리 알려진 덕분이다. 미국 가수 사라 브라이트만이 같은 선율에 가사를 붙여 〈넬라 판타지아Nella Fantasia〉라는 노래를 부르면서는 더욱 유명해졌다.

목관악기인 오보에의 독특한 음색에 홀딱 반해 악기

를 시작한 나는 고등학생 땐 뒤도 안 돌아보고 열심히 정진했다. 그 뒤로 음대에 진학했고 졸업 후엔 교향악단에 소속되어 십 년간 활동했다. 나는 60인 이상의 제법 규모가 큰 심포니 오케스트라의 오보에 수석주자(제1연주자)였다. 오보에 제1연주자는 관객석을 마주한 채 오케스트라의 가장 중심부에 앉아 공연 전 모든 악기가 오보에의 음높이에 맞게 튜닝하도록 한다. 여러 악기 가운데 가장 분명하고 견고하게 자기 목소리를 내기 때문이다. 사람으로 치자면 도도한 귀부인 같다고나 할까.

화려한 독방, 누군가 들이닥칠 것만 같아

우리 오케스트라는 연주가 꽤 잦은 악단이었고 한 달에 네다섯 번은 무대에 섰다. 공연마다 관객들의 반응도 좋은 편이었다. 문제는 떨림 없는 소리를 내야 할 내가 아무도 모르게 무대공포증을 앓고 있다는 거였다.

공연하는 날이 다가오면 나는 바짝 긴장했다. 나흘 전, 사흘 전, 이틀 전…, 초읽기를 하다 바로 전날 밤에는 한

숨도 이루지 못하거나 설핏 잠들었다가 악몽을 꾸곤 했다. 대부분은 무대 위에서 말도 안 되는 실수를 해 연주를 망치는 꿈이었다. 관객들이 혀를 차며 돌아가고 동료 연주자들은 손가락질하며 수군댄다.

어느새 텅 빈 무대에서 진땀을 흘리며 홀로 서 있는 나. 무대조명이 따갑게 내리꽂히며 어깨를 때린다. 거대하고 화려한 감옥 같은 그곳에 일순간 전체 조명이 꺼지고 나는 연극무대의 주인공처럼 스포트라이트의 동심원 안에 갇힌다. 이곳이 방이라면 금방이라도 누군가 문을 벌컥 열고 들어올 것만 같다.

깨금발을 하고서, 숨죽여 오들오들 《누가 사자의 방에 들어왔지?》

프랑스의 그래픽 아티스트 아드리앵 파를랑주가 쓰고 그린《누가 사자의 방에 들어왔지?》는 독특한 작품이다. 실은 그림을 그린 게 아니라 판화 작업을 한 것인데 장면마다 퍽 재미있다. 건축물의 내부를 들여다보는 것처

《누가 사자의 방에 들어왔지?》 아드리앵 파를랑주 글·그림

럼 각 장면은 단면도로 제시되어 등장인물들의 크고 작은 움직임이 샅샅이 드러난다. '정보의 위계'라는 측면에서 독자는 등장인물들보다 더 많은 정보를 가지고 있는 셈이다. 같은 장소에서 시간의 흐름에 따라 등장인물이 점층적으로 늘어나며 이야기가 진행된다. 연극무대를 보는 듯한 이 공간적 배경은 제목이 일러주는 대로 '사자의 방'이다. 이 방 안에 들어오는 인물들에겐 공통점이 있으니, 바로 호기심이 왕성하다는 것이다.

어느 날 사자가 자기 방을 비운 사이, 까만 머리 소년이 깨금발을 하고 들어온다. 마침 구석에서 잠을 자던 생쥐가 깜짝 놀라 달아난다. 밖에서 소리가 들리자, 소년은 사자가 들어온 줄 알고 침대 아래로 납작 몸을 숨긴다. 방 안에 들어온 건 사자가 아니라 금발 머리 소년이었지만 첫 번째 소년은 아무것도 모르고 두려움에 떤다. 누군가 다가오는 소리가 들리자, 이번에는 금발 머리 소년이 얼른 천장 등으로 올라가 숨는다. 그러나 들어온 건 붉은 머리 앳된 소녀. 또 소리가 들리자, 소녀는 사자일 거라 짐작하고 양탄자 아래로 기어들어 간다. 하지만 들어온 건 개다. 또다시 문밖에서 소리가 나자 개는 겁을 집어먹고 거울 뒤로 몸을 숨긴다. 방에 들어온 건 사자가 아니라 한 무리의 새들. 새들 또한 누군가 다가오는 소리에 일제히 커튼 뒤로 푸드득 날아가 숨는다. 이번에는 드디어 사자가 들어온다! 군대 행진이라도 하듯 위엄있고 당당하게. 사자는 침대에 걸터앉고 숨어 있는 모두는 각자 그 자리에서 숨을 죽인다.

사자가 가만히 앉아 있으려니 왠지 자기 방이 낯설게 느껴진다. 거울과 천장 등과 발아래 양탄자 위치가 달라졌거나 흔들리고 부풀어 있다. 사자는 갑자기 오싹해진다. 뭐지? 도대체 이 야릇한 기분은 뭐야? 급기야 사자는 이불을 뒤집어쓰고 오들오들 떨기 시작한다.

그대만은 안 돼, 들어오지 말아줘

그림책의 장면들을 유심히 보면 사자의 방에 들어온 인물들의 움직임이 페이지를 넘길 때마다 조금씩 변화하는 걸 볼 수 있다. 검은 머리 소년, 금발 머리 소년, 붉은 머리 소녀 그리고 개와 새, 작은 곤충에 이르기까지 모두가 자세를 바꾸거나 움직인다. 엿보고 귀 기울이고 만진다. 완벽하게 정적인 건 방 안의 침대, 천장의 등, 기둥뿐이다. 그래서 페이지를 후루룩 빠르게 넘기면 '플립북'▩의 효과가 날 듯도 하다. 고정된 것과 변화하는 것의 합주, 사물과 등장인물이 보여주는 리듬과 변주가 아주 탁월하다.

그런데 이 재미있는 이야기에서 내가 주목한 부분이

▩ Flip book: 책이나 공책의 귀퉁이에 조금씩 다른 그림을 그려 빨리 넘기면 마치 그림이 움직이는 것처럼 보이도록 한 것

있다. 바로 '사자'라는 캐릭터다. 세상에, 자기 방이 낯설고 무섭다니! 방 밖으로 탈출도 못하고 이불을 뒤집어쓴 채 벌벌 떨다니, 얼마나 우습고 가엾은가? 원래부터 '쫄보'인가 싶기도 하고 참 덩칫값도 못한다 싶다. 그런데 딱 내가 그랬다. 음악을 공부하고 연주하는 내내 연습실이 내 방이고 무대가 내 집이었지만, 때로는 그 방과 집이 무섭고 두려워 두 눈을 휘둥그레 뜨고 숨을 데만 찾았다.

내가 연습하는 방에는 수많은 사람이 들락거렸다. 피아노 반주자가 자주 왔고 음대 친구들도 가끔 왔다. 가볍게 수다를 떨기 위해 다른 과 친구가 찾아오거나 선배가 이유도 없이 불쑥 들어오기도 했다. 압권은 레슨 선생님! 시시때때로 들어오시곤 했는데, 선생님의 입장과 더불어 연습실 안은 냉동고처럼 얼어붙었다. 참으로 괴로운 나날이었다.

사실 공간의 문제가 아니었다. 아무런 변화 없이 가만히 고여 있는 방이라면 그 안에서 내가 장악하지 못할 건 없었다. 머물고 싶은 만큼 그 시공간에서 쉬고 일하고 연습하고 활개 칠 수 있었다. 문제는 나 아닌 어떤 것으로 인해 그 공간의 냄새와 분위기, 풍경이 달라질 때였다. 원하지 않지만 방문을 열어 타인을 들여야 할 때이기도 했다.

《누가 사자의 방에 들어왔지?》를 함께 보았던 지인은 수년 전 집에 도둑이 들었던 일화를 들려주었다. 남편과 외출했다 집에 돌아오니 웬일인지 정전이 되어 불을 켤 수 없었는데, 모르는 누군가가 다녀간 듯 집안 공기가 다르더란다. 아니나 다를까, 도둑이 귀중품을 훔치고 '두껍이집'을 열어 전기를 차단했음이 밝혀졌다. 지인은 그날의 기억이 쉽사리 사라지지 않아 오래도록 불쾌했다고 한다. 수업에서 만난 어르신 한 분은 "우리 할매 돌아가셨을 적이 생각나. 한여름 집에서 장사를 치렀는데, 오일장 마치고 시신을 모셔 나간 뒤에도 우리 집이 우리 집 같지 않고 이상했어. 할매랑 같이 방을 썼던 나는 그 방이 무서워 들어가지도 못했다니까."라고 말씀하셨다. 사람이 들든 나든 익숙하고 낯익은 공간에 변화가 일어날 때 우리는 적지 않은 두려움을 느낀다. 미세하나마 달라진 공기가 가늠될 때 불쑥 겁을 먹는다. 자기 방에 들어와 사시나무 떨듯 몸을 떨던 그림책 속 사자처럼 말이다.

명확한 이유는 모르지만 우리를 낯설게 하여 겁을 집어먹게 만드는 것 중에서 으뜸은 '죽음'이 아닐까? 누구나 죽음은 나와 상관없고 아주 멀리 있는 것, 적어도 가까운 미래에는 만나거나 경험할 가능성이 거의 없는 일이라 여긴다. 내 방과 내 집에서는 죽음과 관련된 일이 일어날 리 만무하며, 더구나 내가 방문을 열어 죽음을 초대하는 일 따위는 있을 수 없다고 생각한다. 은연중에 하는 생각치곤 매우 확고하다. 죽음에 대해 보고 듣고 간접경험을 하면서도 그렇다. 조부모님이나 친지의 죽음을 목도했고, 반려동물을 먼저 떠나보냈고, 때때로 지인이나 친지의 장례식장에 조문을 가면서도 그렇다. 언제든지 예기치 않은 일이 벌어질 수 있는데도, 초대하지 않은 이가 불쑥 찾아올 수 있는데도 그러하다. 설령 죽음이란 존재를 인식한다 해도 "다른 것도 아니고 죽음, 너만은 절대 내 방에 들어오지 말아줘." 하는 간절한 심정이 된다.

우리가 쫄보여서 죽음을 떠올리기만 해도 온몸이 쪼그라들고, 어딘가로 도망가고 싶어지는 걸까? 왜 짐짓 아무 일도 일어나지 않으리라고, 내 일상과 공간은 늘 그대로 있어 줄 거라고 믿는 걸까? 아마도 우리는 고개 돌려 외면하고 죽음의 'ㅈ'자도 들먹이지 않으면 무사하리라고 생각하는 건지도 모른다.

모두가 딱딱한 껍질 속에 든 연약한 과육 같다. 당당하게 걸음을 내딛고는 있지만, 작은 소리와 움직임에도 온몸이 순식간에 얼어붙는 겁쟁이 사자 같다. 아무렇지 않은 표정으로 관객 앞에서 연주를 하고 있지만 매번 진정제를 복용하는 오보이스트 같다.

죽음이 이다지도 무서운 걸까? 대체 그것이 무엇이길래. 그림책을 통해 더 이야기해 보자.

실체 없는 두려움이 점점 커져서

그림책에서는 무서움, 두려움, 겁이라는 주제를 많이 다루는 편이다. 아무래도 어린이가 느끼는 감각 중 '무서움'이 꽤 큰 비중을 차지하기 때문이리라. 그림책을 읽고 함께 이야기할 때면 "나만 겁이 많은 건 아닌 것 같아서 다행이에요.", "꼭 극복하거나 이겨내지 않아도 되죠?" 하는 생각이나 질문을 어린이 스스로 한다. 오, 대견하다. 사실은 어른인 나도 두려운 게 꽤 많은데 말이지.

어른과 함께하는 현장에선 의외로 나 같은 겁쟁이를 많이 만난다. 여기저기서 '무밍아웃(내가 만든 말이다. 무서워하는 것을 공개적으로 밝히는 일)'이 난발하는 것이다. 절벽에 다가서지 못하는 사람, 롤러코스터를 타지 못하는 사람, 물속에 들어가지 못하는 사람, 공포 영화 보는 게 질색인 사람(오래전 〈전설의 고향〉의 '내 다리 내놔~' 편이 자기 인생 최고의 호러 드라마란다) 등. 그러다 누군가 한마디로 좌중을 조용하게 만들었다. "뭘 모르시는군. 진짜로 무서운 건 '실체 없는 공포'라는 걸!" 진짜 그런가?

최초의 기억: 70년대, 이태원, 긴 계단, 엄마와 나

누군가 내게 물었다. "인생에서 최초로 기억하는 장면이 뭔가요?" 기억을 한참 더듬어야 했다. 서리가 끼어 뿌연 유리창을 손가락으로 뽀각뽀각 문댔더니 시간 저편의 장면이 조금씩 살아났다. 거기에 엄마와 내가 있었다.

노란 가로등이 어스레하게 불을 밝힌 한겨울의 어두운 거리, 엄마와 내가 걸어가고 있다. 나는 아주 어리고 엄마는 퍽 젊어 보인다. 네댓 살이나 되었을까 싶은 나는 두툼한 외투에 손모아장갑을 낀 채 엄마 손을 꼭 쥐고 있다. 텅 빈 거리에 타박타박 발걸음 소리가 울리고,

우리 뒤로는 긴 그림자가 매달려 있다. 놀랍게도 엄마 손에는 어마어마하게 커다란 짐이 들려 있다. 이불 몇 채를 큰 보자기에 묶어 싼 것 같은 형상인데 엄마와 내 몸피의 열 배쯤 커 보인다. 나는 그 엄청난 크기에 압도되어 아무 말도 하지 못한다. 가슴이 세차게 뛴다.

우리는 계단을 마주하고 발걸음을 멈춘다. 아, 거기가 어디인지 알 것 같다. 어릴 적에 우리 가족은 이태원에 살았는데, 동네 가장자리에 긴 계단이 있었더랬다. 높고 가파른 계단의 끝이 어둠 속으로 맞물려 들어가 끝없이 펼쳐져 있는 것만 같다. 나는 단박에 무서움에 사로잡힌다. 엄마는 그 큰 보따리를 들고 이 밤에 날 데리고 어디로 가는 걸까. 나는 차마 묻지 못하고, 우리는 미동도 없이 오래도록 계단 앞에 서 있다. 기억은 이쯤에서 끊이지고 말갛게 문대진 유리창은 다시 뿌옇게 흐려진다.

어느 날 느닷없이 집채만 하고 산만 한 것이 《블랙 독》

호프Hope 아저씨네 가족은 다섯이다. 부부와 세 아이가 숲속 집에서 조용히 살아가고 있다. 어느 날, 잠자리에서 일어난 호프 아저씨는 창밖으로 커다란 검은 개를 발견하고 놀란다. 그는 당장 경찰서에 전화를 걸어 다급하게 상황을 전한다. 하지만 농담이라고 생각했는지 경찰은 껄껄 웃으며 별일 아닌 듯이 반응한다.

이어 호프 아주머니가 일어나 코끼리만큼 커진 검둥개를 발견하고 기함한다. 첫째와 둘째 아이도 잠자리에서 기상한다. 검둥개는 계속 커져 이제는 티라노사우루스만 하다. 도대체 무슨 도깨비놀음일까? 호프 씨네 삼층집만큼 커진 개가 누런 눈깔을 동그랗게 뜨고 집 안을 들여다보고 있다. 불길하고 음험한 분위기가 모두를 압도한다. 가족은 커튼을 치고 이불을 뒤집어쓴다. 호흡이 가빠지고 가슴은 두방망이질 친다.

막내가 나선다. 이 아이의 이름은 '꼬맹이'. 막내는 내복 위에 외투 하나 척 걸치고는 겁도 없이 현관문을 열어젖힌다. 문밖에 나가면 당장 머리가 와삭와삭 씹히고 뼈가 바수어질 거라고 가족들은 소란을 떨며 만류하지만 소용없다. 꼬맹이는 집채만 한 검둥개 앞에 서서 외친다. "여기서 뭐 하는 거니, 덩치야?", "따라올 테면 따라

《블랙 독》 레비 핀폴드 글·그림

와 봐." 놀리듯 말하고는 총총거리며 달아난다. 그러자 검둥개는 제 몸의 백분의 일이나 될까 싶은 조그만 아이를 뒤쫓기 시작한다. 쫓고 쫓기는 추격전. 둘은 다리 밑을 지나 얼음 위를 내달리고 놀이터를 거쳐 다시 꼬맹이네 집까지 내처 뛴다. 한겨울, 눈 덮이고 꽝꽝 언 대지 위에 그들의 뜨거운 입김이 피어오른다.

내 안의 블랙 독을 대면하는 일

영국 작가 레비 핀폴드가 쓰고 그린 이 작품은 그림이 참 독특하다. 인물과 배경의 묘사가 세밀하고 섬세한 데다 전체적으로 풍부한 색감이 돋보인다. 각 장면에선 인물의 몸짓이 순간 포착된 듯 스냅사진처럼 그려져 인상적이다. 게다가 블랙 독은 어찌나 공들여 묘사했는지 붉게 충혈된 노란 눈, 길게 늘어진 새까맣고 더러운 털, 거대한 콧구멍과 번질번질한 코. 온몸에서 악취가 풍기고 컹컹 짖는 아우성이 들릴 것 같은 공감각적인 아우라가 가히 악마의 화신처럼 보인다.

그나저나 '호랑이만 하고 코끼리만 한 검둥개'가 세상에 있을 리 만무한데, 그게 뭐였을까? 블랙 독Black Dog은 서구에서 하나의 관용구로 쓰인다. 불운, 저승사자, 죽음, 우울증, 두려움 등을 총칭하는 개념이다. 어원을 찾아보니 이렇다. 영국에서는 개의 형상을 한 괴물을 헬하운드Hellhound라 불렀는데 이것과 마주치면 사람이 죽거나 굉장한 불운을 겪는다는 것이다.

호프 씨네 가족이 마주한 건 분명히 눈앞에 실재하는

짐승이었지만 동시에 실체가 없는 무엇이기도 했다. 평온한 일상에 느닷없이 나타날지 모를 위기, 예기치 않은 사건, 자연재해나 질병 등에 대한 불안과 공포가 아니었을까? 그 존재는 머릿속에서 상상하는 것만으로도 점점 거대해졌다. 한 가족의 일상을 잠식하고 평안과 안녕을 깨뜨렸다. 가족이 할 수 있는 거라고는 이불을 뒤집어쓴 채 벌벌 떠는 것뿐이었다.

내가 기억하는 최초의 장면에 등장하는 어린아이가 딱 그랬다. 딱히 어두운 밤과 텅 빈 거리라서 무서운 게 아니라 그 야심한 시간에 왜 집 밖에 있는지, 어디로 향하는지 몰라서 무서웠다. 비현실적으로 커다란 짐보따리에 압도되어 마음이 무거웠다. 그건 무기력한 어린 나에게 블랙 독이었다. 만약 기억이 연속되었다면 보따리는 계속 부풀어 올랐을 것이다. 살면서 위기가 닥칠 때마다 어쩔 수 없이 그 장면이 떠올랐다. 그때마다 난 도로 네댓 살짜리가 되곤 했다.

엄마에게 물으니 그런 일은 없다고 했다. 우리가 이태원에 살았고 가파르고 긴 계단이 있던 것도 분명하지만 아무리 생각해 봐도 그런 일은 없었단다. 그럼 그렇지,

좋지 않은 꿈이라도 꾼 걸 거야. 그렇다 해도 좀 더 따스하고 다정한 장면이라면 좋았을걸.

이 그림책을 어린이들과 다시 읽으면서 "검둥개, 겉으로만 쎄 보이는 거예요. 어른들은 그것도 모르고!" 하는 의기양양한 목소리를 듣고 싶다. "개가 조그마한 고양이 문Cat Flap(개나 고양이가 드나들도록 만들어 놓은 작은 구멍)으로 들어가는 것 좀 봐요. 어이없네." 하고 와하하 웃는 소리를 듣고 싶다.

어른들과는 "응~, 결국 두려움이라는 건 우리 머릿속에서 확대, 짬뽕 되는 거군. 별거 아냐!" 하고 호탕하게 외쳐보고 싶다. 그리고 같이 손에 손잡고 절벽에도 가보고, 롤러코스터도 타보고, 물속에도 첨벙거리며 들어가 보련다. 동영상으로 〈전설의 고향〉을 돌려보고 "쳇, 네 다리 이제 없어! 얼른 썩 꺼져!" 하고 호통도 쳐보련다. 중요한 건 쓸데없이 상황을 확대하여 해석하지 않고 겁먹지 않는 마음가짐! 똑바로 대면하는 용기!

참, 여러분에게만 말하는 거지만 그림책 속 꼬맹이의 본명(영어 이름)은 'Small Hope(작은 희망)'이다.

소심한 완벽주의자의 현실 적응기

완벽주의자 아니냐는 소리를 심심찮게 들으며 살아왔다. 언감생심, 말도 안 된다. 그렇지만 포인트는 다른 이들에게 그렇게 보인다는 것인데, 나를 조금만 사귀어 보면 완벽주의자는커녕 '허당' 중에 허당인 걸 알게 될 것이다.

물론 내가 지향하는 바가 '완벽주의'이긴 하다. 그 진원지는 마음의 허허로움, 무엇에든 겁을 집어먹는 소심함이다. 불안 지수가 높아 쓸데없는 걱정이 떠날 날 없고, 그러다 보니 되도록 철저히 준비하려고 애를 쓴다. 이런 태도가 완벽주의자라는 오해를 부른 듯하다. 하지만 살아간다는 게 어디 마음먹은 대로 되는가? 예측하고 준비하는 대로 흘러가는가?

아이 낳고 애면글면하던 시절에

결혼 후, 어렵게 가진 아이를 낳은 뒤에 나의 불안도는 기하급수적으로 치솟았다. 아이 손을 잡고 길을 걸으면서도 잃어버릴까 봐 두려웠고, 품에 안고 있으면서도 떨어뜨릴까 봐 무서웠다. 쌔근쌔근 자는 아이를 두고 나도 잠을 청했다가는 무슨 일이 벌어질 것만 같아 두 눈에 쌍심지를 켜고 버텼다. 어쩌다 아이가 아프기라도 하면 차분히 돌보기보다 어찌할 바 몰라 삐죽삐죽 울곤 했다. 이렇게 소심하고 나약한 사람이 엄마가 되어 어쩌나, 스스로가 한심했던 나날. 연약하고 조그마한 아이가 내 실수로 또는 예기치 않은 사고로 자칫 생명의 기운을 잃어버릴까 봐 두려웠다.

죽음을 연구하는 학자들이 말하길, 인간이 가진 감정 중 빈번하고도 중요하게 취급되는 것은 '두려움'이고, 두려움은 대부분 죽음에 대한 공포에서 비롯된다고 한다. 살아 있는 존재로서 우리를 가장 무섭게 하는 것은 소멸(스러짐)이고, 이는 생생히 살아 숨 쉬던 '나'가 죽음을 기점으로 더 이상 이 우주 안에 아무것도 아닌 무無로 환원된다는 공포다.

그렇다면 내 아이에 대한 불안의 뿌리는 비슷했던 걸까? 아무튼 이런 걱정에서 헤어나기 위해 나는 아이 이름과 내 전화번호를 새겨 넣은 목걸이를 걸어주었고 아이 옷 윗도리 안쪽에도 수를 놓았다. 붐비는 거리로 나설 때는 아이 손목과 내 손목에 끈을 연결해 달기도 했다. 애면글면, 여러모로 강박적이었다. 마치 겁에 질려 오들오들 떠는 한 마리 다람쥐 같았달까?

외출의 강제성과 자발성에 관하여
《처음으로 밖에 나간 날》

책의 표지를 열면 경고문이 떡하니 붙어 있다.

"(이 책을) 읽기 전에 항균 비누로 두 손을 깨끗이 씻

《처음으로 밖에 나간 날》 멜라니 와트 글·그림

어주세요."

느닷없이 무슨 소리인지. 어리둥절한 채로 페이지를 넘기면 한 번도 도토리나무를 떠난 적 없다는 자그마한 다람쥐가 등장해 독자를 반긴다. 이 다람쥐로 말하자면 월요일부터 일요일까지, 잠자리에서 눈을 떠 다시 잠자리에 들기까지, 자기의 전 생애를 통틀어 단 한 번도 집(도토리나무)을 벗어난 적 없는 캐릭터다. 그럼으로써 얻는 이득은? 나무 위의 멋진 전망과 풍부한 먹거리 그리고 무엇보다 안전이다. 손해를 보는 건? 언제나 변하지 않는 풍경, 천편일률적인 식단, 똑같은 장소에 대한 식상함이다.

그에겐 변함없는 일과가 있으니 '기상→아침 식사→주변 정찰→점심 식사→주변 정찰→저녁 식사→주변 정찰→취침'이다. 말 그대로 '다람쥐 쳇바퀴 도는' 이 루틴은 어떠한 변수도 없이 날마다 반복되며 다람쥐에게 더할 수 없는 안도감을 선사한다.

촘촘한 일정 사이엔 구급상자를 열어 모든 물품이 제자리에 있는지 확인하는 일도 들어 있다. 만일의 경우에 대비한 낙하산, 만일의 경우에 대비한 살충제, 만일의 경우에 대비한 안전모, 반창고, 정어리 통조림…. 만일의, 만일의, 만일의…, 이쯤 되면 한숨이 나온다. 하지만 다람쥐는 유사시 행동 요령과 탈출 계획까지 빈틈없이 준비하곤 득의만면하다. 완벽하다 못해 창의적이기까지 한 주인공이다.

그러던 어느 날 아침 9시 37분, 사건이 터진다. 밤낮을 가리지 않고 정찰하는 다람쥐의 고성능 쌍안경 안에 커다란 말벌이 포착된 것이다. 다람쥐는 질겁한다. 이런 건 도대체 수십, 수백 번을 상상하고 시뮬레이션한 '위급상황'에 포함되지 않았던 거다. 어째, 이런 일이! 공황 상태에 빠진 다람쥐는 수선을 떨다가 손에 쥔 구급상자를 놓치고 만다. 이것저것 생각할 틈도 없이 그는 상자를 잡으려고 몸을 날린다. 아뿔싸, '파블로프의 개'와 같은 조건반사가 아니라 순간적인 무조건 반사. 그리하여 다람쥐는 엉겁결에 도토리나무에서 강제 외출을 하고, 곧이어 엄청난 일이 벌어진다.

몸을 훌쩍 날리고 폴짝 솟구쳐

다람쥐가 전 생애를 통틀어 도토리나무를 떠나지 않은 이유는 명백하다. 안전한 집에서는 모든 일을 통제할 수 있다고 생각하기 때문이다. 이 자발적인 '은둔형 외톨이'에게 말벌이 나타나지 않았더라면 아마 죽을 때까지 그렇게 살았을 것이다. 정체성은 도토리나무에 사는 다람쥐지만 사실은 '우물 안의 개구리'와 다를 바 없다. 하지만 손바닥만 한 하늘을 바라보며 '예측 불가능성의 최소화'를 추구한다는 점에서는 나름 훌륭한 전략 가라 할 만하다.

그러던 다람쥐가 위기 상황을 만나면서 생활에 큰 변화가 일어난다. 전에 안 하던 행동을 하게 되는 건 아무래도 자신의 새로운 정체성을 확인했기 때문이리라. 마지막 장면에서는 해맑은 표정으로 독자를 바라본다. 그 모습에 독자는 '피식'하고 웃음이 샌다. 이거, 다람쥐로서는 장족의 발전인 건가?

《삶을 위한 죽음의 심리학》을 저술한 권석만 교수는 "죽음 불안Death Anxiety은 모든 불안의 근원"으로 "인간이 경험하는 다양한 유형의 불안은 궁극적으로 죽음에 이르게 할 수 있는 세부적 위험에 대한 두려움"이라고 말했다. 그러면서 "죽음 불안은 인간으로 하여금 다양한 해결 방법을 추구하게 만드는 주된 동기로 작용"하고 "깊이 고민하게 만듦과 동시에 인간의 모든 상상력과 창조적 역량을 동원하게 만드는 동력이 된다."라고 했다.▩ 그런 점에서 그림책 속 '프로 불안러' 다람쥐의 행동이 이해된다. 그래서 실소를 금하지 못할 만큼 창의적이었던

▩ 《삶을 위한 죽음의 심리학》, 206~207쪽

건가?

동시에 나도 다람쥐와 비슷한 건 아닌지, 가슴이 뜨끔했다. 그래서 권석만 교수의 책에 나온 '죽음불안척도'▒와 '다차원적죽음공포척도'▒▒ 검사 항목을 살펴봤다.

죽어가는 과정에 대한 두려움, 파괴당하는 것에 대한 두려움, 중요한 타인의 죽음에 대한 두려움, 미지의 세계에 대한 두려움, 죽음 이후의 육체에 대한 두려움, 일찍 죽을 것에 대한 두려움(…).

이런! 꽤 많은 항목에 '그렇다'라고 답해야 했다. 물론 나의 두려움은 태생적이며 강박과 완벽주의로부터 쉬이 벗어날 수 없다는 걸 이미 알고 있었다. 검사 항목이 나타내는 것들을 딱히 말로 규정하지 않아 그렇지, 나는 이 모든 것을 머릿속에 욱여넣고 부정적 사고와 심상을 반복 재생한 것이다. 매일 옷을 갖춰 입듯 내 몸에 '두려움

▒ DAS, Death Anxiety Scale: 죽음 불안을 측정하기 위해 널리 사용되는 도구 중 하나. 15문항으로 구성되어 있으며 각 문항에 대해서 '그렇다' 또는 '아니다'로 응답한다. 《삶을 위한 죽음의 심리학》, 217~218쪽

▒▒ MFODS, Multidimensional Fear of Death Scale: 횔터(J. W. Hoelter) 박사가 1979년 죽음 불안의 다차원성을 고려하여 8개의 차원으로 구분하고 제작한 검사. 42문항으로 5점 척도상에서 평정한다. 《삶을 위한 죽음의 심리학》, 220~223쪽

반응 버튼'을 장착하고 나서야 뭐든 할 수 있었다. 그리고 이 괴로움에서 벗어나기 위해 최대한 대비하고, 확인한 것을 또 확인하고, 변수를 통제하기 위해 안간힘을 써왔다. 결국 '불안→점층하는 두려움→패닉과 공포→완벽주의에 대한 집착' 이런 순서로 살아왔다고 할 수 있다. 에구머니나.

이렇게 보자니 나와 다람쥐는 쌍둥이처럼 닮았다. 닮았다는 사실이 속 쓰리면서 한편 짠하다. 그림책의 작가 멜라니 와트도 자신의 불안장애를 극복하고자 이 작품을 만들었다니, 그이와 내가 만나면 말이 잘 통하겠다.

그나저나 나에게도 그림책 주인공 다람쥐처럼 숨겨진 정체성이 있는 건 아닐까? 이 책을 읽는 여러분도 살면서 위기 상황을 적잖이 경험했겠지만, 아직 드러나지 않은 정체성이 있을지 모른다. 바라건대 이제는 다람쥐가 훌쩍 몸을 날려 나무에서 벗어난 것처럼 스스로 만든 경계를 뛰어넘어 보는 건 어떨까? 활개를 펼쳐 날아보며 하늘이 손바닥만 하지 않고 광대하다는 걸 느껴보자. 그렇게 외연을 확장하다 보면 한없이 자유로워지지 않을까 싶다.

그러니 완벽주의자란 오해를 받으며 빈 수레를 좀 더 덜거려도 뭐, 할 수 없다. 괜찮은 척을 하면 괜찮아지듯, 그러다 보면 '죽음불안척도'와 '다차원적죽음공포척도' 검사에 체크하는 항목도 줄어들 것이다. 우리가 사는 일이 하루하루 죽음에 근접하는 일이라 해도 기꺼이 받아들이면서 의연해질 수 있으리라.

'기상→식사→정찰→수면'으로 점철된 일과에 새로운 항목을 끼워 넣은 다람쥐처럼 우리도 뭔가 하나씩 더 해보는 일부터 해보자. 다람쥐보다 훨씬 멋진 아이디어를 고안해 낼 수 있을 것이다. 자발적 고립 상태에서 벗어나 마음을 활짝 열고 새로운 걸 시도해 본다면 말이다. 어제도 오늘 같고, 내일도 오늘 같을 우리의 일상이여, 파이팅!

내가 없다면
넌 거기 없는 거야

나는 생기가 넘치거나 활력을 왕성하게 발산한다기보다 그저 생활하고 일하는 데 필요한 만큼만 에너지를 저장했다가 그때그때 꺼내 쓰는 편이다. 그러다 보니 주의를 기울이고 신경 써야 할 일이 생기면 기운이 빠지고 몸이 까부라진다. 오십 대에 들어서선 더 취약해져서 한 끼라도 굶거나 하룻밤이라도 잠을 설치면 큰일이다.

그런 주제에 2년마다 돌아오는 국가 건강검진은 늘 때를 놓치고 만다. 게으름 탓이거나 건강에 대한 경각심이 부족해서인가 싶지만, 실은 무섭기 때문이다. 내 몸에 도사리고 있을지도 모르는 병증을 생각만 해도 오싹하다.

검진을 안 하면 아무것도 드러나거나 발견되지 않으니 괜찮다고 생각했다. 아니, 그러면 될 것으로 생각했다.

나와 타조의 유사성에 대하여

미루고 미루다가 건강검진을 받던 어느 해 12월, 겨우 마음을 먹고 병원에 방문했다. 탈의실에 들어가 검진용 환자복으로 갈아입고 난 뒤엔 병원 데스크에서 하라는 대로 이리저리 움직이면 되었지만 피를 뽑고 수면내시경을 받는 과정은 정말 끔찍했다. 게다가 유방 X선 촬영은 얼마나 아프고 고역스러운지. 그러면서 싫은 일은 차라리 한 번에 해결하는 게 나을 것 같아 골밀도 검사까지 했다.

이 주 뒤쯤 집으로 날아온 건강검진 결과서엔 "유방 X선과 초음파 촬영에서 이상소견 발견. 산부인과 내원 필요. 골감소증 소견. 내과 내원 바람."이라고 적혀 있었다. 이게 무슨 청천벽력! 내 이럴 줄 알았다. 역시 검진 같은 건 하지 않는 건데 그랬다. 결국 병원에 재방문해서 산

부인과 의사 소견을 듣고, 내처 내과 의사와도 마주 앉았다. 의사가 보여주는 척추 사진은 그저 희뿌옇고 거무튀튀했지만, 뼈 마디마디마다 정확하게 수치화된 데이터가 "당신은 또래보다 뼈의 밀도가 이렇습니다."라고 엄중하게 경고하고 있었다.

건강의 전모가 드러났으니 경각심을 가질 만도 하건만, 나는 충격은 충격대로 받고 생활은 하던 대로 쭉 이어갔다. 하루 세 끼 대충 먹기, 커피를 물처럼 마시기, 밀가루와 설탕 탐닉, 운동이라곤 숨쉬기와 컴퓨터 자판 두드리기가 전부인 생활을 지속한 것이다. 위험이 다가오면 제 목숨 구제할 생각은 하지 않고 땅속 구덩이에 머리를 처박고는 "나 여기 없소." 하는 미련한 타조와 다름없지 않은가?

너 따위는 필요 없어
《복슬개와 할머니와 도둑고양이》

이 그림책 본문의 첫 장면은 두 주인공 로즈 할머니와

복슬개의 투 샷으로 시작된다. 체구가 넉넉한 할머니가 덩치 큰 복슬개를 자애로운 눈으로 쳐다보며 쓰다듬고 있다. 첫 문장에서 할머니가 오래전 남편을 여의었고, 복슬개와 단둘이 살고 있음을 알게 된다. 그리고 복슬개는 버젓하게 '존 브라운'이라는 이름을 갖고 있다.

둘은 무엇이든 함께한다. 가축을 돌보고 키우는 일도, 배나무 그늘에 앉아 휴식을 취하는 일도, 벽난로 가에 앉아 추운 겨울밤을 아늑하게 보내는 일도. 둘은 서로에게 둘도 없는 친구이고, 서로를 사랑한다. 로즈 할머니가 "너랑 나랑 둘만 있으면 돼."라고 말하면 존 브라운도 두툼한 앞발을 할머니 무릎 위에 척 올리며 자기식으로 동의한다.

그러나 둘의 평온하고 아늑한 일상이 언제까지고 이어지진 않는다. 어느 날 밤, 로즈 할머니는 어두운 정원에 웅크리고 있는 무언가를 발견한다. 거실 창문에서 내다보이는 배나무 위에 까만 고양이가 오도카니 올라앉아 있다. 할머니는 우유를 가져다주라고 존 브라운에게 말하지만 그는 들은 척도 하지 않는다. 할머니가 잠들자 존 브라운은 밖으로 나가 집을 빙 둘러 경계선을 긋더

《복슬개와 할머니와 도둑고양이》 제니 와그너 글·론 브룩스 그림

니 검은 고양이에게 일갈한다. 너 따윈 필요 없으니 가버리라고.

다음 날 밤, 배나무 그늘 속으로 사라지는 고양이를 보고 할머니는 우유병을 꺼낸다. 존 브라운이 계속 "고양이는 정말 없다니까요." 따라다니며 말하지만 소용없다. 할머니가 우유를 내놓으면 집안에서 시치미를 떼고 있던 존 브라운이 살그머니 밖으로 나와 그릇을 발로 차 엎어버린다. 검은 고양이는 할머니에겐 모습을 드러냈다가 존 브라운이 문밖으로 나오면 집 뒤쪽 어두운 그늘로 몸을 숨기곤 한다.

존 브라운은 자신이 늘 할머니 곁에 있음을 상기시키지만, 할머니 얼굴엔 근심이 드리우기 시작한다. 전처럼 존 브라운과 눈을 맞추거나 부드럽게 쓰다듬지 않는다. 이제 밤마다 고양이가 출몰하고, 집안에 고양이를 들이려는 할머니와 그것에 맞서는 존 브라운의 갈등이 이어진다. 급기야 할머니는 내일도 모레도 계속 누워만 있을 거라고 말하면서 앓아눕는다.

존 브라운은 할머니의 슬리퍼 냄새를 맡으며 깊은 생각에 잠긴다. 견생 일대의 고민이 시작된 것이다.

우리가 외면하는 진실은

호주 작가 론 브룩스의 그림이 정겹다. 잔잔하고 소박한 시골 풍경이 마음을 편안하게 한다. 할머니 집의 거실과 부엌, 침실의 정경과 각 공간에 배치된 가구, 소품, 벽지, 카펫 등의 섬세한 묘사가 눈에 띈다. 이야기의 주인공인 복슬개, 할머니, 고양이는 또 어떤가. 그들의 외모가 각각의 심성과 심리를 대변한다. 특히 검은 고양이의 도도한 몸짓과 도전적인 눈빛이 압권이다.

그런데 이야기는 전체적으로 모호하다. 검은 고양이는 누구(무엇)이며 어디에서 왔을까? 할머니와 존 브라운의 충만한 관계에 불쑥 틈입한 이유는 무엇일까? 무슨 연유로 계속 둘의 주위를 맴돌며 갈등을 조장할까? 어째서 매사에 그렇게 당당한 걸까?

그림책을 함께 본 어른 대부분은 존 브라운을 '동생을 본(또는 가까운 시일 내에 볼) 첫째 아이'로 해석한다. 오로지 자기만 사랑하던 엄마로부터 어쩐지 내쳐진 것 같아 몹시 서운하고 억울한 첫째 말이다. 첫째 아이에게 동생은 눈엣가시다. 엄마와의 돈독한 관계를 헝클어뜨리는 빌런이고, 추방해야 마땅할 외계 침입자인 것이다.

그런데 내 눈에는 어느 날 갑자기 문 앞에 나타난 검은 고양이가 아무래도 '죽음(또는 죽음의 사신)'으로 읽힌다. '검은 고양이'라는 존재가 상징하는 것도 그렇지만, 한 식구로 받아들이기를 한사코 거부하는 존 브라운의 태도 때문에 더욱 그렇게 보인다. 죽음의 그림자만 봐도 손사래를 치고 펄쩍 뛰어 물러나는 우리 인간 같다. 죽음은 충만한 무언가를 망가뜨리고 파괴하기에 반드시 물리쳐야 하는 것이니, 존 브라운으로서는 그런 존재한테 우유 한 방울도 허락할 수 없었을 것이다. 자꾸만 검은 고양이를 알아차리는 할머니의 눈을 가리고 몸을 돌려 세워야 했다. 그러지 않으면 할머니를 잃어버리고 말 것이기에. 세상을 살아가게 하는 유일무이한 원동력인 사랑을 영영 잃을 수 있기에.

그런가 하면 로즈 할머니가 검은 고양이에게 보인 태도는 퍽 수상쩍다. 생전 처음 보는 존재에게 곁을 내어주느라 친밀한 동반자인 존 브라운을 자꾸 섭섭하게 만들었다. 존 브라운이 자신의 의견에 동조하지 않자 급기야 앓아눕고 계속 누워만 있겠다고 선언했다.

혹시 할머니가 고양이의 정체를 진즉 알아차린 건 아닐까? 필멸하는 존재로서 언제가 되었든 죽음의 방문을 받아들여야 한다는 것을 말이다. 더구나 할머니는 오래전 남편을 여읜 상실의 경험자이니 사랑하는 이와의 이별을 도리 없이 수긍해야 한다는 것도 알고 있었다. 어쩌면 앞으로 혼자 살아갈 존 브라운이 자신에게 정을 떼도록 하는 과정도 필요했을 것이다. 그런 할머니의 속내를 모르고 존 브라운은 마음을 다쳤다. 하지만 삶은 계속되고, 언젠가 자신에게도 검은 고양이가 찾아올 것을 예감하면서 존 브라운은 홀로 살아가게 될 것이다.

그림책 강연에 참여하는 많은 어르신이 똑같은 사연을 지닌 죽음은 하나도 없더라고 했다. 죽음을 대하는 사람의 태도도 마찬가지. 죽음과 소멸에 대한 거부감과 불안, 두려움은 동일하지만 그것에 반응하는 방식은 천차만별이다. 우리 각자가 적지 않은 죽음을 보고 듣고 경험했을지라도 세상에는 로즈 할머니보다 존 브라운처럼 반응하는 사람이 훨씬 많다. 물론 나 또한 크게 다르지 않다.

어쩌면 타조가 땅속에 머리를 박는 건 생존전략 중 하나인지도 모른다. 일단 두려운 것은 외면하고 공포스러운 상황은 두 눈을 질끈 감고서라도 회피해야 지금을 살 수 있는 것이다. 감당할 수 없는데도 죽기 살기로 현실을 마주하는 것만이 늘 최선은 아닐 테다. 경우에 따라선 '우선 회피, 차후 방안 강구'가 현명한 것인지도 모르겠다.

문제는 구덩이 안에서 모르쇠로 일관하는 시간이 마

냥 길어지는 것이다. 직면하지 않으니 마음 불편할 일이 없고, 분명한 실체가 있다고 해도 부정하면 그만이라는 착각을 너무 오래 하면 곤란하다. 구덩이 속에서 눈에 보이는 게 없다고 "죽음 따위, 알 게 뭐야. 그런 건 없어."라고 생각하면 딱한 일이다. 시간이 흐르고 마음이 가라앉은 다음에는 눈 앞에 펼쳐진 상황을 똑바로 보고 대책을 강구해야 옳다. 죽음이 목전에 왔을 때 나오는 반응은 우리가 삶을 대하고 살아온 태도를 고스란히 반영하니, 평소에도 진실을 외면하지 않고 잘 받아들일 수 있다면 좋겠다.

그 겨울, 병원에서 받은 가슴 철렁한 진단을 나도 수긍하기로 한다. 2년에 한 번씩은 국가 건강검진에 성실히 임하기로 마음먹는다. 언젠가 내 앞에 나타날 검은 고양이를 보고 너무 기함하지 않도록 조금씩 준비하려 한다. 이왕이면 몸과 정신이 너무 급전직하하지 않도록 살살 달래가면서 말이다.

더 중요한 건 존 브라운! 나의 복슬개와 여한 없이 정을 나누며 사랑하되, 언제 헤어져도 한이 되지 않도록 건강하고 적당한 거리를 유지할 것. 안 그랬다간 헤어지는 과정이 너무 고통스러울 테니.

그림책의 제일 마지막 장면에서 우리를 정면 응시하는 고양이 덕에 정신을 확 차리게 된다. 고마워. 너란 존재를 잊지 않고 살아갈게.

불안이 영혼을 잠식하긴 하지만

어릴 때 나는 김포공항을 꽤 자주 출입했다. 당시에 사업을 하던 아버지가 일본을 자주 드나들곤 하셨는데, 아버지가 출국할 때마다 배웅을 나가고 입국할 때마다 마중을 나갔던 것이다. 엄마랑 동생과 함께였지만 나는 아버지와의 헤어짐은 너무 서럽고 다시 만남은 너무 행복해 누가 옆에 있는지는 안중에도 없었다. 단 한 번도 예외 없이 눈물이 났고 어김없이 기쁨에 들떴다.

게다가 다정한 아버지는 귀국 때마다 딸들을 위한 선물을 준비하셨으므로 재회의 기쁨에다 선물꾸러미를 열어보는 행복감이 더해지곤 했다. 지금도 김포공항을 생각하면 즐거운 기억이 떠오르면서 온몸이 녹작지근해진다.

일신우일신과 기록 경신

하지만 즐거운 기억만 있었던 건 아니다. 문제는 일본으로 떠나는 아버지를 배웅하고 돌아서는 바로 다음 순간부터 생겨났다. 아버지가 방금 탑승한 비행기가 하늘에서 뚝 떨어지면 어쩌나 하는 걱정부터 일본에서 교통사고라도 당하면 어쩌나, 도둑이나 강도를 만나면 어떡하지, 따위로 눈덩이 구르듯 나쁜 생각이 커졌다.

급기야 아버지가 집으로 돌아오시기 전날 밤에는 귀국편 비행기가 외딴곳에 추락하거나 공중에서 파편으로 흩어지는 악몽을 꾸곤 했다. 고작 열 살 전후의 어린아이가 느끼는 불안치고는 심각했지만, 웬일인지 나는 이런 일들을 엄마에게조차 말하지 않았다. 그저 아버지가 귀국하는 순간까지 마음을 바짝 졸이면서 무서움을 홀로 견뎠다.

이렇게 촉발된 나의 불안은 이십 대의 청년기, 삼사십

대의 중년기를 거쳐 현재에 이르기까지 진행 중이다. 딸을 낳고, 그 애를 걱정하고, TV에 보도되는 험험한 뉴스를 보고 들으면서 내 두려움의 촉수는 날마다 왕성히 뻗어나간다. 이제는 연로한 부모님 걱정에 내 노년에 대한 염려까지 그야말로 일신우일신. 올림픽에 출전하는 전문 체육인도 아닌데, 이렇게 날마다 기록을 경신해서야.

넌 항상 나를 두렵게 했지 《불안》

그림책의 주인공은 자그마한 어린이로 "때때로 나를 어지럽게 하고, 때때로 나를 무섭게 하는 것이 있어."라고 고백한다. 그것은 무엇일까? 만지거나 볼 수 있는 것인가? 처음엔 이렇다 할 형태가 없다. 아이가 길을 걷고 있으면 색색의 공이 되어 굴러오고, 책을 읽고 있노라면 뒤쪽에서 은밀하게 날개를 퍼덕인다. 어느 때는 문 안쪽을 꽉 채워 파도처럼 넘실대다가도 일순간 공간을 비우고 말끔히 사라진다. 구멍 아래로 빠졌는가 싶으면 다음 순간 치받쳐 올라 아이를 놀라게 한다. 어느 날 아이는

《불안》 조미자 글·그림

항상 무서움을 던져주는 그것을 만나보기로 결심한다. 도무지 형태와 색깔과 냄새와 크기조차 가늠할 수 없는 그것을 대면해 보기로.

아이는 마음을 단단히 먹고 붉은 구멍 위로 삐져나온 파란 끈을 잡아당기기 시작한다. 영차영차, 안간힘을 쓴다. 어느 순간 무언가가 땅속에서 끌려 올라오더니 구멍에서 툭 하고 빠져나온다. 심술궂게 생긴 아주 커다란 새다. 온몸은 보라색에, 청록의 닭벼슬 같은 것이 머리 위에 나 있고, 기다란 붉은 부리는 매부리코처럼 앞쪽으로 길게 뻗쳐 있다. 험상궂고 불쾌하게 생긴 이 새는 아이가 가는 곳이면 어디든 쫓아온다. 아이가 몸을 숨긴 상자를 발견하거나 꽉 닫은 아이의 방문 뒤로 바싹 다가든다.

아이는 얄팍한 문 뒤쪽의 새를 신경 쓰느라 아무 일도 할 수 없다. 팽팽한 대치 상태로 숨 막히는 시간이 흐른다. 그러나 그 긴장을 이기지 못했는지, 아이도 새도 까무룩 잠이 든다.

얼마나 시간이 흘렀을까. 아이는 다시 끈을 잡아당긴다. 굳게 닫아둔 문이 열리고 아이는 그것과 다시 만난다. 앗, 의외의 상황! 누가 상상이나 했으랴.

나와 나의 새

그림책 《불안》은 세상의 온갖 색깔이 모여서 잔치를 벌이는 듯한 책이다. 빨강, 파랑, 노랑, 초록, 보라, 하양, 검정 등이 다른 색과 섞이지 않은 채 순연한 본래의 색 그대로 존재감을 뽐낸다. 페이지마다 여러 색이 쓰여 다채롭다. 하다못해 땅속도 단일한 흙색이 아니라 총천연

색이다. 땅속에서 끌려 나온 새는 화려하기 이를 데 없다. 게다가 주인공의 상황과 기분에 따라 색상은 시시각각 변한다. 아이를 처음 만났을 때부터 마지막 장면에 이르기까지, 새의 몸 색깔이 어떻게 변화하는지 눈여겨보면 재미있다.

아이는 땅속 깊이 숨어 있던 새를 큰맘 먹고 발굴한다. 아마도 아이 마음속에(또는 머릿속에) 사는 존재 같다. 그들의 관계가 본격적으로 시작된 후엔 역동적으로 변화한다. 그렇다면 나와 나의 새는 관계가 어떨까? 최초의 만남 이후로 지금은 어떤 모습일까? 아니, 내가 한 번이라도 새를 대면한 적이 있던가? 줄을 당겨 끄집어낸 적이 있던가? 나의 새는 깊은 땅속에 아직 혼자 머물러 있는 것 아닐까?

초등 4학년부터 중학교 1학년까지 아이들에게 이 그림책을 읽어주었더니 다양한 반응이 돌아왔다. "아직은 그런 적 없는데 줄을 한번 당겨보고 싶어요.", "괴물 같은 녀석이 나올 것 같은데요.", "앗, 우리 엄마다. 얼른 땅속으로 들어가!", "살살 달래서 조용히 살라고 말할 거예요. 날 괴롭히게 놔둘 수 없지." 등등.

다음엔 '나의 새'를 그림으로 그려보라고 했더니 모두 개성 있게 표현했다. 무서운 것, 화려한 것, 우스운 것도 있었다. 어떤 학생은 빈 종이 그대로길래 이유를 물었더니, 자긴 세상에 무서운 게 아무것도 없단다. 아무래도 그림을 안 그리려는 꼼수였나 보다. 또 다른 아이는 친구들이랑 각자의 새를 함께 불러내서 2박 3일로 캠핑을 떠나겠다는 말도 했다.

이 책을 읽는 여러분은 어떤 그림을 그릴까? 어떤 색으로 자기만의 새, 자기만의 불안을 표현할지? 그림을 그리다 보면 이 책을 함께 읽고 싶은 누군가가 생각나기도 할 것이다. 나와 상대방의 다양한 불안과 걱정에 위로를 건네고 싶기도 할 것이다.

그림책 말미에서 아이는 새에게 말한다. "아직 네가 두려울 때도 있지만, 너와 이야기할 수 있어. 내 기분도 말할 수 있지. 아주 오래전부터 그랬던 것처럼."이라고. 나는 이 문장을 연거푸 읽었다. 아주 오래전부터 그래왔다고? 그렇게도 무서워하고 겁이 나 매번 도망 다녔으면서? 깊숙한 땅속을 들여다볼 용기를 내지 못했으면서? 이 장면의 그림을 자세히 보니, 새가 아이를 물끄러미 내려다보며 '네 마음 다 알아' 하는 듯한 표정을 짓고 있다.

외국에 있는 아버지에게 벌어질 잠재적 비극을 상상하며 불안에 떨던 어린 시절의 나, 지극히 실현 가능성이 낮은 상상으로 불면의 밤을 보내곤 했던 삼십 대의 나를 떠올려 본다. 그리고 나의 현재를 잠식하고 있는 여러 가지 불안과 슬픔, 걱정과 두려움을 호명해 본다. 도대체 어떤 뿌리에서 자라난 나무이길래 이다지도 생명력이 질긴 걸까?

생명을 가진 모든 존재는 반드시 사라진다는 걸 잘 알고 있으면서도 나와 내 주변만은 죽음이 비켜 가리라며 부정하고 외면한다. 누구나 할 것 없이 자기 마음의 서랍 속에 근원적 공포를 처박아두는 것이다. 자기소멸과 사회적 정체성 상실에 대한 두려움, 죽어가는 과정에서 느끼게 될 고통에 대한 두려움, 뒤에 남을 가족이 겪을 어려움에 대한 근심 등 깊게 뿌리내린 감정이 우리를 지배한다.

누군가 내게 그 공포의 싹을 자르기 위해 김포공항의 기억을 송두리째 들어낼래 하고 묻는다면, 아이를 낳은 뒤 느꼈던 어지러운 상념과 두려움을 없애기 위해 25년

전으로 다시 돌아가 엄마 되는 일을 포기할래 라고 묻는다면 세차게 도리질할 것이다. 그것이 나의 인생이고 내 삶이었기에.

누구나 두렵고 불안한 시간을 보내며 마음이 시달린 경험이 있을 것이다. 그 경험을 삭제하고 과거로 돌아가 생을 다시 시작할래 하고 묻는다면? 여러분은 어떤 대답을 할 것인가?

다시 어린 시절의 김포공항을 떠올린다. 출국자들이 걸어 나오는 게이트 앞에서 나는 깨금발을 하고서 목을 뺀 채 기웃거린다. 우리 아빠는 어디 있나? 언제쯤 '짜잔' 하고 모습을 드러내실까? 드디어 아빠 모습! 아빠가 단박에 우리를 알아보고 뛰어온다. 나도 얼른 달려 나가 답삭 안긴다. 희미한 담배 냄새, 따가운 수염, 그렇지만 한없이 좋은 아빠 품! 그 순간 밤사이 시달렸던 불안이 내게서 멀리 떨어졌고 짜릿한 기쁨이 온몸에 퍼졌다. 아빠가 내게 물었다. "잘 있었어?", "응, 그럼. 잘 있었어. 아주아주 좋았어!"

함께 보면 좋아요

《숲 속에서》(클레어 A. 니볼라 글·그림)

그림책에서 숲은 두려움과 경외의 공간이다. 어린아이들이 가지는 원초적 무서움과 공포를 나타낸다. 하지만 어른들이라고 두려움이 없으랴. 이 책에서 두려움을 다루는 방식과 이야기의 결말은 어린이와 어른 모두를 다정하게 어루만져준다. 인물이 말하는 '커다랗던 내 무서움보다 더 큰 그것'이 무엇일까를 생각하게 만드는 그림책. 각 장면의 그림도 무척 아름답다.

《모치모치 나무》(사이토 류스케 글·다키다이라 지로 그림)

산꼭대기 오두막에서 할아버지와 살고 있는 마메타는 겁이 많다. 특히 집 앞에 우뚝 선 커다란 모치모치 나무를 무서워한다. 할아버지는 "모치모치 나무에서 산신령의 축제가 벌어진단다. 용기 있는 아이만 그걸 볼 수 있지."하고 말씀하지만 언감생심. 마메타에겐 꿈도 못 꿀 얘기다. 어느 날 밤, 할아버지가 아파서 끙끙 앓는다. 마메타는 의원에게 가기 위해 무서움을 무릅쓰고 산길을 내달리는데…. 다시 집에 돌아온 마메타의 눈앞에 어떤 광경이 펼쳐졌을까? 굵고 선명한 까만 윤곽선과 판화 기법을 활용한 그림이 매력적인 작품. 폭죽이 터지듯 잔치가 벌어지는 장면이 압도적이다.

《어른이 되면 괜찮을까요?》(스티안 홀레 글·그림)

학교 입학을 목전에 둔 여섯 살 소년 가르만의 집에 여름마다 친척 할머니 세 분이 다니러 온다. 덜렁거리는 틀니를 끼고 류머티즘과 탈장이 있는 할머니들. 죽은 새를 감싸 올려 아직 보드라운 깃털을 손으로 쓸어보는 가르만의 시무룩한 어깨 너머로 찻잔 부딪치는 소리가 들려온다. 삶과 죽음은 달싹거리는 차 한 잔의 무게로 가볍디가벼운 깃털의 촉감으로 존재한다. "올여름도 정말 좋았어." 하고 짐을 꾸려 돌아가는 할머니들 뒤로 가르만은 서늘해진 창가에 서서 입학 전에 어느 쪽 치아가 빠질지 궁금해한다. 여섯 살 눈에는 어리둥절하기만 한 여든 살의 노파들은 어쩐지 생의 무수한 비밀을 알고 있는 듯하다.

《숲속 괴물 그루팔로》(줄리아 도널드슨 글·악셀 셰플러 그림)

숲속에서 맞닥뜨리는 거의 모든 존재가 무시무시한 포식자이지만 우리의 주인공 생쥐는 보통 녀석이 아니다. 여우, 올빼미, 뱀에게 세상에 존재하지도 않는 '그루팔로'를 들먹이며 '맞춤형 공포'를 선사한다. 그루팔로가 좋아하는 음식은 여우 통구이, 올빼미 아이스크림, 뱀 볶음이라면서 여기서 얼쩡거리다간 죽은 목숨이라고. 그 말을 듣고 다들 꽁무니를 뺀다. 생쥐는 그런 모습을 보며 의기양양하다. 그러나 얼마 지나지 않아 진짜 그루팔로가 나타난다! 이이제이. 두려움을 자아내는 여러 요인과 그에 맞서는 방식, 임기응변과 지혜에 관해 이야기 나눌 수 있는 유쾌한 책.

《스갱 아저씨의 염소》(알퐁스 도데 글·프렝세스 캉캉 그림)

산사나무로 울타리 쳐진 안전한 풀밭과 풍부한 먹이 그리고 스갱 아저씨의 살가운 보살핌을 마다하고 블랑케트는 어쩌자고 맹수가 우글대는 살벌한 풀숲으로 간 걸까? 다음 날 아침 해 뜨자마자 블랑케트의 영혼은 다른 곳으로 떠나야 할지 모르는데. 용감한 삶은 고달프다. 밤새 장렬히 싸우고 "이제 됐어." 읊조리며 새벽별과 함께 스러진 블랑케트는 그 후 어떤 세상으로 갔을까. 알퐁스 도데의 글에 서로 다른 그림작가가 그린 그림책이 존재한다. 주인공 블랑케트의 강건한 이미지와 유화적 느낌을 원한다면 에릭 바튀의 버전으로, 시골의 목가적 풍경과 서정적 아름다움을 선호한다면 프렝세스 캉캉의 버전으로.

《사자왕 형제의 모험》(아스트리드 린드그렌 글·일론 비클란드 그림)

아름답고 정의로운 형 '요나탄'과 몸도 마음도 취약하기 그지없는 동생 '카알'의 형제애가 눈물겨운 동화책. 이승을 뛰어넘어 펼쳐지는 '낭기열라'에서의 일상과 모험, 종국에는 그 세계마저도 말 달리듯 뛰어넘어 더 먼 피안의 세계 '낭길리마'로 향하는 그들의 여정이 눈부시게 찬란하고 무시무시하다. 드넓게 펼쳐진 광대한 침엽수림과 북유럽의 신비한 오로라 장막을 배경으로 형제의 사랑과 모험, 삶과 죽음의 넘나듦을 그린 아름다운 작품이다. 글 작가인 아스트리드 린드그렌은 《삐삐 롱 스타킹》의 원작자이기도 하다.

〈마왕(Erlkonig)〉(프란츠 슈베르트 작곡)

한 번 들으면 잊을 수 없이 강렬한 곡. 죽음에 대한 절대적 공포를 표현하고 있다. '마왕'이 곧 자기를 잡아갈 것 같아 불안에 떠는 아이의 가냘픈 음성과 그를 안심시키려는 듯한 아버지의 묵직한 저음 그리고 상대적으로 높은 음역으로 노래하는 마왕의 목소리가 섬뜩하다. 4분의 4박자의 급박으로 진행되는 이 음악은 셋잇단음표로 말발굽 소리를 묘사하고 불협화음을 사용해 마왕에게 쫓기는 부자의 불안한 심리 상태를 드러낸다. 아이가 느끼는 두려움만큼 음악이 점층함에 따라 감상자는 어둡고 무서운 분위기에 압도된다.

2부

노화와 죽음에 대처하는 우리의 자세

우리 모두 나이를 먹는다. 생명의 기운을 마음껏 내뿜던 소년기와 청년기를 지나 세월 속에서 시나브로 늙어간다. 신체의 노화와 더불어 정신적·심리적으로 위축되기도 한다. 그 과정은 퍽 낯설고 소란하며 가끔은 이상하리만치 조용하기도 하다. 그런데 나이 듦을 자연스럽게 받아들이고 여유와 관용으로 삶을 대하면서 진정한 완숙기에 이르는 사람도 있다. 인간은 필멸하는 존재임을 인식하고 마지막 순간에 다다르기까지 오늘을 한층 더 기쁘고 보람 있게 보내는 이들이다.

그림책 속에서도 등장인물이 나이를 먹거나 세상을 떠난다. 주로 주인공의 조부모인 경우가 많은데, 어린이로서는 얼마 전까지 건강했던 할머니가 잘 걷지 못하거나 기억을 잃고 엉뚱한 소리를 하는 게 낯설고, 좋은 친구였던 할아버지가 빈 의자를 남긴 채 사라져 버린 상황도 도무지 이해되지 않는다.

그런가 하면 어떤 그림책에선 노인이 주인공으로 등장하여 나이 듦에 저항하거나 무작정 영생을 꿈꾸기도 한다. 마음속에 간직한 꿈을 찾아 가방을 꾸리고 길을 떠나기도 한다. 죽음을 한없이 유예하려는 인물, 기다렸다는 듯 저승사자를 환대하는 인물 등 노화와 죽음에 대처하는 모습이 다양하게 표현되어 있다.

나이 듦에 초연하려면 어떤 마음의 자세를 가져야 할까? 존엄을 잃지 않고 품위 있는 죽음을 맞이하려면 어떡해야 할까? 지상에서의 소풍을 끝내고 돌아가는 날, 가방엔 무엇을 꾸리면 좋을까? 미리 연습한다는 생각으로 피크닉 가방 하나 장만하고 목록을 만들어 차곡차곡 짐을 챙겨보자. 무엇이든 좋다. 기대하던 여행지로 출발하기 전에 가슴 설레며 짐을 꾸리는 바로 그 마음으로 말이다. 그리고 가족들에게 남길 편지도 한 통 써보면 어떨는지. 먼 데로 소풍 떠난 나를 가족들이 지나치게 걱정하거나 너무 슬퍼하지 않도록 말이다.

찰나와 영원의 아슬아슬한 간극

누구나 그렇겠지만 나도 나이를 먹어 얼굴이 쪼글쪼글해지고 등이 굽은 할머니가 될 거라는 생각은 하지 않고 살아왔다. 작가 손원평의 단편 〈아리아드네 정원〉에 등장하는 '민아'의 말처럼 "늙은 여자가 될 생각은 추호도 없었다." 그런데 오십 대 중반이 되고 보니 거울 속의 내가 참 낯설다. 하루도 빠지지 않고 꾸준히 나이를 먹고 있는 것이다.

사실 나의 나이 듦은 제쳐 두고라도 엄마의 노화를 지켜보는 일이 간단치 않다. 아직 기력이 왕성하던 육십 대를 지나 조금씩 어깨가 굽고 걸음이 느려지는 칠십 대 그리고 본격적으로 노환이 진행되는 팔십 대의 엄마가 안타깝고 애처롭다. 오래도록 엄마는 젊은 날의 고왔던 모습으로 남아 있을 줄만 알았는데. 엄마의 시간도, 나의 시간도 속절없이 흐른다.

날 때부터 할머니였던 우리 할머니

내가 살면서 마주했던 가장 '늙은' 얼굴의 소유자는 우리 할머니였다. 할머니에게도 젊은 시절이 있었겠지만 어린 내 눈에는 태어날 때부터 노인이었던 것처럼 보였다. 할머니는 평생을 여러 사람을 수발하고 돌보느라 손에 물이 마를 새가 없었다. 논과 밭에는 키우고 가꿔야 할 농작물이 지천이었다. 그런 세월 탓이었을까, 일찌감치 허리가 기역 자로 굽고 얼굴과 두 손에 굵은 도랑 같은 주름이 패였다.

하지만 할머니는 구부러진 허리로 일을 다 해냈다. 부뚜막 아래 불을 때어 밥을 짓고 작대기 휘두르며 가축을 부리셨다. 그뿐인가. 골방을 열어보면 할머니가 수확 철에 거둬 모아 둔 온갖 먹거리가 부잣집 곳간처럼 그득 쌓여있었다. 세상에서 가장 늙은 우리 할머니가 이 많은 일을 '마징가Z'처럼 척척 해낸다니, 믿을 수 없었다. 일하다 고될 때면 툇마루에 앉아 '은하수' 담배 한 개비에 불을 댕기고 굽은 허리 펴보던 우리 할머니. 뱃속에서부터 이마에 굵은 주름이 파인 채 태어난 듯한 우리 할머니. 엄마한테 가서 "할머니는 온몸이 쪼그랑 쪼그랑 해." 라고 속삭이면 엄마는 가만히 웃곤 했다.

참 얄궂은 이야기 《눈 깜짝할 사이》

앞표지 한가득, 얼굴 하나가 둥실 떠 있다. 얼굴선이 동그랗고 입술이 도톰한 소녀다. 머리를 양 갈래로 얌전히 땋고 두 눈은 살포시 감고 있다. 예닐곱 살쯤 되었을까, 아니면 그보다 성숙한 나이일까? 뒤표지엔 노랑 꽃 위에 앉은 흰 나비 한 마리가 보인다. 앞뒤 표지 그림과 '눈 깜짝할 사이'라는 제목만 보아서는 어떤 이야기가 펼쳐질지 가늠하기 힘들다.

《눈 깜짝할 사이》 호무라 히로시 글·사카이 코마코 그림

그림책의 면지와 속표지를 지나 본문의 첫 장면이 나타난다. 뒤표지에서 보았던 꽃 위에 사뿐히 내려앉은 흰 나비다. 사위는 고요하고 바람 한 점 없어 보인다. 왼쪽 면에는 글이, 오른쪽 면에는 그림이 있는데 이 장면의 글이라곤 "사-뿐"이 전부다. 페이지를 넘기자 두 번째 장면도 동일하다. 첫 번째 장면과는 색감에 미세한 차이가 있을망정 꽃도, 꽃 위의 나비도 미동이 없다. 어쩌면 나비는 달콤한 꿀을 빨고 있는 게 아닌지. 세 번째 장면에서 변화가 일어난다. 꽃 위에 앉았던 나비가 하늘을 향

해 포르르 날아오른다. 가려는 방향으로 더듬이를 세우고 가볍게 날갯짓한다.

다음 페이지에서는 장면이 바뀌어 뻐꾸기 벽시계가 나타난다. 시침과 분침이 '12' 자리에서 거의 겹친 것으로 봐서 정오 혹은 자정이 임박한 시각이다. 아직 정각은 아닌 모양인지 뻐꾸기 집 대문이 닫혀 있다. 왼쪽 페이지의 글은 "째깍"이 전부. 상황은 두 번째 장면에서도 동일하다. 세 번째 장면에 이르면 하얀 뻐꾸기가 날개를 활짝 펴고 집에서 튀어나온다.

이후의 이야기는 앞선 것과 비슷한 패턴으로 이어진다. 쥐를 노려보는 고양이, 홍차에 각설탕을 넣는 소녀…. 각각의 에피소드는 세 개의 장면으로 이루어져 있고, 두 번째에서 세 번째로 넘어가며 변화가 일어난다. 그러다 책의 끄트머리에 이르면 독자는 "어머!"하고 탄성을 지르게 된다. 생각지도 못했던 결말이 얄궂다.

한 걸음 떨어져 관조하면 오십보백보

글과 그림이 씨줄 날줄로 엮여 서사를 전달하는 그림책은 글보다는 그림에 주로 기댄다. 이 작품이 특히 그렇다. 글이라곤 '사~뿐', '째깍', '퐁' 같은 의성어·의태어가 전부이고, 그림을 자세히 보면서 상황을 읽어내도록 독자를 이끈다. 더구나 전체를 관통하는 일관된 서사가 있는 게 아니라 에피소드를 중심으로 진행되기 때문에 독자는 더욱 그림에 집중해야 한다. 그러면 결말에서 묵직한 감동과 함께 작품의 진가를 느낄 수 있다.

이 그림책이 참 좋아서, 몇 해 전부턴 진행하는 모든 강연에서 신나게 소개하고 있다. 복지관이나 노인대학, 보건소의 치매예방센터에서도 마찬가지다. 책을 함께 보는 중에 멈추어 사람들에게 묻곤 한다. "다음 장에 어떤 변화가 일어날까요?" 가장 엉뚱하고도 다양한 답변을 내놓는 건 단연코 어린이들이지만 어르신들도 가끔 허를 찌르는 상상력을 보여주곤 한다.

이 책의 압권은 마지막 에피소드다. 실로 깜짝 놀랄 반전을 보여주며 이야기가 종결된다. 지금이야 이 책이 워

낙 유명해져서 "정답!"을 외치는 분들이 적지 않지만, 몇 년 전만 해도 달랐다. 눈을 살포시 아래로 내리깔고 있는 갈래머리 소녀가 페이지를 넘기는 순간 어떻게 변모할지 예측하는 사람은 거의 없었다. 그러면 강사인 나는 이 즐거운 '밀당'의 시간을 느긋하게 누리다 휙 하고 책장을 넘기는 것이다. 다음 순간 들려오는 "아!" 또는 "오!" 하는 외침. 참여자들 앉은 자리가 바람이 한차례 휩쓸고 간 들녘같이 수런수런한다. 그러다 한두 사람씩 고개를 주억거리기 시작한다. 그래, 맞아, 그렇지!

그런데 어르신들은 다르다. 강연장에 모인 참여자의 숫자가 많든 적든 이 그림책을 아는 분이 거의 없는데도 여기저기서 정답이 속출한다. 그냥 아는 것이다. 그림책의 앞쪽부터 중반까지 제시된 여러 에피소드나 볼 빨간 앳된 소녀가 전혀 다른 모습으로 변모하는 것이 다 거기서 거기, 전부 '눈 깜짝할 사이'에 일어나는 일이라는 걸. '그림책의 그림 읽기', '시각적 문해력' 같은 걸 힘들여 공부해서 애써 전달하는 나 같은 강사는 그저 코흘리개에 지나지 않는다는 걸 그분들이 몸소 보여준다. 나도 나이를 먹을 만큼 먹었는데 역시 어르신들 앞에서는 '짬

밥'이 부족한 걸까? 저절로 고개가 수그러든다.

사람의 생애에서 하루, 한 주, 한 달, 한 해로 이어지는 세월은 실로 유구하다. 눈 깜짝할 사이 또는 찰나▒가 아니다. 시간의 길이로만 본다면 그림책 앞쪽에 제시된 순식간의 변화들과 뒤쪽에서 독자가 깜짝 놀라게 되는 과정이 동일한 선상에 놓일 수 없다. 작가는 대체 무슨 속셈이었을까? 조금 과장해 말하자면 '찰나 대 영원'의 상반된 구도에 놓아야 마땅할 개별 사건들을 왜 하나의 작품 안에 배치했을까? 그러고도 모자라 '눈 깜짝할 사이'라는 제목으로 뭉뚱그리다니.

가만히 생각해 보면, 시간은 믿을 수 없는 속도로 흘러간다. 어르신들에게 "20대엔 20킬로미터, 50대엔 50킬로미터, 80대엔 80킬로미터로 시간이 간다는데, 정말 그래요?" 하고 물으면 "어데~, 딱 두 배속이다. 60대는 120킬로, 70대는 140킬로!"라고 답한다. 누군가 자동차의 가속페달을 꾹 누르기라도 한 것 같단다. 우리 할머니는 어땠을까? 한때 코흘리개 어린애였고 또 한때는 볼

▒ 사람이 감지할 수 없는 75분의 1초에 해당하는 짧은 순간.

빨간 처녀였을 그분도 당신의 전 생애를 '눈 깜짝할 사이'로 여겼을까? 막 팔십 대가 된 우리 엄마도?

사람의 한 생애가 찰나에 불과하다는 걸 알게 되는 때는 통찰이 일어난 뒤일 것이다. 바비킴은 〈사랑 그놈〉이란 곡에서 이렇게 노래했다. "제멋대로 왔다가 자기 맘대로 떠나간다 (…) 목이 메어 불러도 너는 듣지 못할 그 한마디…." 그는 사랑에 대해 노래했지만, 사랑을 '시간' 또는 '세월'로 바꿔 불러도 무방할 것이다. 시간은 모두에게 하루 24시간 주어지지만 아무도 그것을 애초에 원한 적 없고 붙잡고 싶어도 붙잡을 수 없다. 제발 멈춰달라고 애원해도 소용없다. 시간은 그저 무심하게 와서 무심하게 흐르다 떠날 뿐이다.

일찍이 영국의 시인 윌리엄 블레이크는 시 〈순수의 전조Auguries of Innocence〉에서 "모래에서 세상을 보고, 야생화에서 하늘을 보며, 손바닥에서 무한을 쥐고, 한 시간 속에서 영원을 보네."라고 했다. 결국 찰나와 영원은 종이 한 장 차이인지도 모른다.

세월의 흐름을 야속하게만 여기는 마음을 고쳐먹어야 하나 보다. 엄마의 늙어감과 나의 나이 듦을 안타까워하기만 한다면 엄마는 날마다 애처로운 사람이고 거울 속의 나는 영원히 낯선 타인일 것이다. 생각을 바꾸면 마음이 한결 편해지려나. 물론 아직도 여전히, 너무 빨리 늙은 여자가 될 생각은 없지만 말이다.

엄마의 이중생활,
두 개의 초상화로 남아

그림을 꼼꼼히 보는 편이다. 특히 상징이 깃든 그림이라면 아주 골똘히 탐색하듯 본다. 그림 속에 숨은 메시지를 읽어내고 싶어서다. 십 년쯤 전에 바니타스Vanitas 정물화에 대해 알게 되었다. '바니타스'란 삶의 덧없음을 여러 가지 오브제를 이용해 상징적으로 표현하는 예술의 한 형태로, 인간은 늙어가며 반드시 죽음에 이르는 존재임을 일깨운다. '메멘토 모리'의 메시지를 선명하게 새긴 채 감상자에게 말을 건네는 것이다.

유쾌한 주제도 아닌데 왜 자꾸 찾아볼까? 왜 열심히, 샅샅이 볼까? 그렇게 해서라도 '메멘토 모리'를 새겨두려는 마음일지도 모르겠다. 순간을 살면서 자꾸 잊어버리니까. 같은 실수를 반복하고, 매번 비슷한 두려움에 사로잡히고, 인간관계 경영에 실패하고, 오늘만 살고 말 것처럼 욕망에 사로잡히니까. 좀 대범하고 현명해지고 싶은데 말이다. 물론 할머니가 되어서도 바니타스 그림에 대해 진지한 감상 태도를 유지할지는 잘 모르겠다. 어쩌면 "이게 다 뭐야. 젊고 유쾌하고 예쁜 것만 봐도 모자란 세상에!"를 외치며 그림 앞을 얼른 떠날지도.

상상이나 해봤나요? 삼십 년 뒤 당신 얼굴을

화가 데이비드 베일리는 〈바니타스 상징이 있는 자화상Self-portrait with Vanitas Symbols〉이란 작품에서 두 개의 시간대를 사는 자기 자신을 그렸다. 현재의 자기 그리고 수십 년 후의 자기를 말이다. 탁자 위에는 여러 가지 오브제가 놓여 있다. 불 꺼진 초, 공중을 떠다니는 거품, 시든 꽃, 아래쪽으로 모래가 거의 떨어져 내린 모래시계, 아무렇게나 놓인 보석, 그리고 "Vanitas vanitatum, et omnia

〈바니타스 상징이 있는 자화상〉, 데이비드 베일리

vanitas(헛되고 헛되니 모든 것이 헛되도다)."라는 성경의 문장이 적힌 종이쪽지까지. 이 가운데 나이 든 자신의 초상화를 손에 든 젊은 화가의 모습이 도드라진다. 모든 것이 풍자고 은유다.

나이 먹은 내 모습을 상상해 본다. 지금으로부터 약 삼십 년 후(신께서 허락하신다면), 아니 오십 년 후(신께서 재앙을 내리신다면)의 나를 떠올려보려 애쓴다. 하지만 쉽지 않다. 미래의 모습을 보여주는 휴대폰 어플을 이용해 볼까? 데이비드 베일리 같은 화가라면 스스로 붓을 들어 그림을 그려보련만.

자세히 보고 오래 보아야 예쁘다
《엄마의 초상화》

그림책 속 화자는 그림을 그리는 화가다. 한평생 열심히 가족을 돌본 자기 엄마의 초상화를 그려보고 싶다. 화가의 엄마는 그야말로 봉사와 희생의 아이콘이다. 남편 뒷바라지에 아이들 키워내느라 자기 자신은 돌보지 않은 채 살아왔다. 족히 오십 년간은 뽀글거릴 파마를 하고 날마다 밥 짓고 빨래하느라 손발이 거칠어질 대로 거칠어진 엄마. 딸은 그런 엄마를 눈에 보이는 대로 그림에 담는다. 늙고 지친 모습이지만 정성을 다해 그린다. 하지만 엄마는 웬일인지 자신의 초상화를 슬며시 비켜 놓는다.

딸은 그제야 엄마를 다시 본다. 곰곰이 보고 오래도록 바라보니 깊은 주름과 생기 잃은 눈 속에 다른 사람이 보

《엄마의 초상화》 유지연 글·그림

인다. 그 사람은 정성껏 화장하고 대담한 빨간색으로 머리를 염색한 사람이다. 줄무늬 원피스와 멋진 재킷, 뾰족구두를 신고 뭇 남정네의 손에 이끌려 라틴댄스를 추는 여인이다. 화려하고 예쁜 모자를 수집해 날마다 바꿔 쓰는 멋쟁이다. 반짝이는 빛을 감추지 않고 건강한 욕망을 발산하는 꽃 같고 나비 같은 여인이다. 두려움 없이 큰 물고기를 낚는 탐험가이며 더 이상 누군가의 '집'이 되기를 원치 않는 사람이기도 하다.

화자의 '엄마'이며 '미영 씨'이기도 한 여인은 마치 분리된 두 개의 자아처럼 그림책의 양쪽 면에 배치되어 있다. 화자의 눈에 비친 엄마의 모습은 거칠고 투박한 판화 기법으로, 엄마가 스스로에게 투영하고 바라는 모습은 매끈한 질료와 화사한 색감으로 표현되었다. 왼쪽의 엄마는 파삭하고 윤기 없이 메마른 모습이고, 오른쪽의 미영 씨는 윤나고 기운차고 화사한 얼굴을 하고 있다.

이처럼 대비되는 두 개의 자아는 이야기의 뒤에서 '여행을 꿈꾸고 결심하는' 그리하여 결국 '두 개의 초상화'를 가진 한 사람으로 통합된다. 문갑 위에 나란히 놓인 두 점의 그림은 서로 같은 듯 다르다. 방 안에는 엄마의 오래된 '꽃가라' 티셔츠와 화려한 외출복이 함께 걸려 있다. 엄마는 어디에 있는 걸까? 어디로 간 걸까? 도대체 어느 그림이 엄마의 본모습일까?

아수라 백작 같은 그대

딸은 낯설었을 것이다. 정녕 자신의 엄마가 맞는지 어리벙벙했을 것이다. 세상에, 엄마가 반짝반짝하다니. 목

늘어진 티셔츠에 몸빼바지 입고 쭈그려 앉아 빨래하던 엄마인데. 그런 엄마의 마음속에 아무도 예상치 못한 욕망이 숨어 있었단 말인가? 어쩌면 가족만 몰랐거나 알려고 하지 않았겠지. 이쯤에서 화자의 엄마가 우리 모두의 엄마로 확장되고 환원된다.

세상의 모든 자식에게 엄마는 이름이 없는 사람이다. 그냥 '울 엄마'다. 그런 명명백백한 진리 앞에 다른 무엇이 있단 말인가. 엄마가 한때 이름이 있고 청춘이 있고 창창한 미래의 꿈이 있었던 사람이란 걸 까맣게 잊고 살아간다. 언제부턴가는 엄마를 자세히 보지도, 골똘히 보지도, 열심히 파고들지도, 뒤집어 보지도 않는다. 그렇기에 어느 날 갑자기 엄마의 낯선 모습을 발견하면 화들짝 놀라고 만다. 아니, 이런 사람이었어? 나태주 시인의 그 유명한 시의 구절, "오래 보아야… 자세히 보아야…."가 엄마한테도 적용되는 거였어? 우리 엄마는 혹시 두 얼굴을 가진 아수라 백작? 평생 간직했던 엄마의 초상화를 이제 다시 그려야 하는 거야?

아이들 쑥쑥 자라는 걸 보며 "아니, 어느새?"를 외치지만 실은 본인도 그만큼 나이 먹은 걸 우리는 모른다.

부모님이 등이 굽고 여기저기 아픈 데 많은 노인이 된 걸 보면서 "아니, 어느새…." 탄식하지만 역시나 자기도 늙고 있다는 건 홀랑 잊어버린다. 이렇게 바보 같을 수가! 결국은 누구나 나이를 먹고, 늙어가고, 죽음에 다가서고 있는데….

일본의 호스피스 전문가 오츠 슈이치는 《죽을 때 후회하는 스물다섯 가지》라는 책에서 환자들을 인터뷰하고 죽음을 앞둔 그들이 후회하는 스물다섯 가지를 항목화했다. '진짜 하고 싶은 일을 했더라면', '가고 싶은 곳으로 여행을 떠났더라면', '맛있는 음식을 많이 맛보았더라면' 이런 대답이 많았다고 한다. 주로 하지 않은 일에 대한 아쉬움이다.

살아가면서 왜 우리는 이토록 많은 아쉬움과 후회를 남기게 되는 걸까? 사는 데 치여서, 가족을 부양하느라, 그저 앞만 보고 나아가느라. 하지만 죽음을 앞둔 상황에서는 이 모든 게 그럴싸한 변명조차 되지 못한다. 지나간 시간은 다시 불러올 길 없고, 했거나 하지 않은 일은 모조리 흐르는 강물처럼 지나쳐버렸다. 거울을 비춰보면 과거에 대한 회한과 안타까움으로 미간을 찌푸리고 있는 자신을 발견할 뿐이다. 내게도 또 하나의 초상화가 있을 뻔했는데.

나는 온데간데없고, 자식들의 눈에 비친 초라하고 메마른 초상화를 마주하며 엄마들은 울음이 치받친다. 그런데, 과연 딸에게 자기 초상화를 맡겨 두어도 좋은 걸까? 자식의 눈에 비친 내 모습이라면 그게 어떻든 받아들여야 하는 걸까? 그렇지는 않을 것이다. 내 얼굴을, 내 본모습을, 내 인생 전체를 관조하여 대신 그려줄 수 있는 화가는 세상에 없다. 그게 설령 가장 근거리에서 제법 오랜 시간 내 삶을 지켜본 피붙이라 한들, 내 얼굴을 제대로 그려낼 수 있는 건 오로지 나 자신뿐이다.

그러니 그림 솜씨와는 상관없이 붓을 들고, 좋아하는 색깔을 묻혀 자화상을 그리면 되는 것이다. 내 안에서 잉태되어 세상에 나간 모든 이야기의 발신자, 스스로 스토리텔러가 되어야 한다. 자꾸 보고 또 보고 자세히 보아야 하는 주체도 '나'이고 바라봄의 대상이 되는 것도 '나'이다. 그 과정을 거치고서야 내 안의 미영 씨를 끄집어낼 수 있다. 그래야 몸빼바지와 뽀글이 파마 이면에 숨은 진짜 나를 드러내어 표현할 수 있다.

데이비드 베일리의 그림을 다시 본다. 책상 위에 놓인 금은보화와 진주 목걸이, 피리, 둥근 액자 속 아름다운 여인 그리고 화가의 앳된 모습은 전부 싱싱하고 젊은 시절의 영화를 보여준다. 한편 시든 꽃과 해골, 모래시계와 공중의 비눗방울, 늙은 화가의 모습은 앞에서 말한 모든 것들이 언젠가는 낡고 스러지고 소멸할 것이라는 걸 알려주는 메타포다.

하지만 실망하고 주저앉기엔 우리 생이 소중하다. 전혀 다른 얼굴을 보여주는 두 개의 자화상이 지나온 삶에 대한 재현이라면, 미래에 대한 전언이 될 먼 훗날의 내 모습을 그려보면 어떨까? 그것은 '오래된 미래'처럼 내 생의 사건을 응축해 보여주는 그림일 테니 오늘과 내일을 좀 더 잘 살고 싶어지지 않을까?

두 개의 초상화 옆에 미래의 자화상이 놓이면 이제 나는 세 점의 그림 앞에 서게 될 것이다. 나만의 화풍으로 내 얼굴을 그리고, 그림 못지않게 멋지게 살아보고 싶다. 브라보, 마이 라이프!

날 데리러 왔거든
아직 어려서 못 간다고 전해라

젊은 시절 얼마간은 해마다 부산엘 갔다. 10월에 열리는 '부산국제영화제'에 참여하기 위해서였다. 항구도시 특유의 낭만적이고 흥청거리는 분위기 속에서 다양한 영화를 감상하는 기쁨이 컸다.

2015년에는 영화제의 수많은 출품작 중 무엇을 봐야 할지 즐거운 고민을 하다가 〈테일 오브 테일즈Tale of Tales〉를 점찍었다. '이야기 중의 이야기'라니, 무슨 내용일까? 얼른 표를 예약하고 기대감에 들떴다. 영화의 재미와 반전의 묘미를 한껏 즐기기 위해 사전 정보는 알아보지 않았다.

하필이면 잔혹 동화

영화가 시작되자 신비한 이야기의 세계가 단박에 펼쳐졌다. 17세기 이탈리아의 작가 잠바티스타 바실레의 민담 설화집《펜타메로네Pentamerone》에 수록된 이야기 중 몇 개를 골라 한 편의 영화로 묶은 작품이었다. 옴니버스 형식으로 구성한 세 개의 에피소드는 옛이야기답게 낭만과 허무맹랑, 비밀과 매혹이 가득했다.

그중 두 번째 이야기는 비밀의 숲에 둘러싸인 어느 왕국에서 살아가고 있는 흉측한 노파 자매에 관한 것이다. 그들은 헝클어지고 주름지고 덥수룩한 외모와 달리 희한하게도 꾀꼬리 같은 목소리를 가지고 있다. 바람둥이 왕은 자기 영토를 시찰하다 그들의 노랫소리를 듣곤 틀림없이 절세미인이 살고 있다고 생각해 문을 두드린다. 하지만 추한 노파들은 문을 열어 자기들의 정체를 드러낼 수 없다. 간절해진 왕은 제발 모습을 보여달라고 애원한다. 다급해진 언니 노파는 갖은 애를 써도 방법이 없자, 일주일 뒤 찾아온 왕에게 동생의 손가락 하나를 대신 내밀어 보여준다. 그 보드라운 손가락을 어루만진 왕은 욕망에 몸이 단다. 계속 추근대는 왕에게 노파는 "폐하의 침실에 들 테니 모든 불을 꺼주십사" 청한다. 하지만 촛불 아래서 노파의 정체를 파악한 왕은 진노하며 그녀를 창밖으로 던져버린다. 노파는 나뭇가지에 대롱대롱 매달려 있다가 마녀의 도움을 받아 세상에 다시없는 미녀로 거듭난다.

왕과의 결혼식 날, 예식에 초대된 동생 노파는 언니를 보곤 깜짝 놀라 어떻게 그리 젊고 아름다워졌냐고 재우쳐 묻는다. 대답이 곤란해진 언니는 살가죽을 벗겼다고 말해버린다. 질투에 눈이 먼 동생의 선택은? 이발사를 찾아가 자기 살가죽을 벗겨달라고 애원한다. 그리고 마지막 장면에서 그녀는 어디론가 터덜터덜 걸어간다, 피투성이가 된 채로.

아, 이런. 입이 떡 벌어졌다. 아무리 옛이야기라지만 어떻게 이런 결말이! 끔찍하고 기괴해서 몸서리를 쳤다. 젊음을 향한 인간의 욕망은 예나 지금이나 똑같은 것인가.

아흔여덟 살 노파에서 다섯 살 꼬맹이로
《하지만 하지만 할머니》

일본의 작가 사노 요코가 쓰고 그린《하지만 하지만 할머니》속 할머니는 고양이 한 마리와 살고 있다. 할머니의 나이는 자그마치 아흔하고도 여덟이다. 씩씩한 고양이는 날마다 장화 신고 낚싯대 메곤 같이 낚시하러 가자고 제안한다. 할머니는 "하지만 난 아흔여덟 살인걸. 고기를 잡는 건 어울리지 않아." 하며 거절한다(그래서 '하지만 하지만 할머니'다). 할머니의 주요 일과는 그저 나무 아래 앉아 콩꼬투리를 까거나 꾸벅꾸벅 낮잠을 자는 것뿐.

아흔아홉 살이 되는 자신의 생일날, 케이크를 만드느라 분주한 할머니는 고양이에게 심부름을 시킨다. 나이에 꼭 맞게 양초 99자루를 사 오라고. 고양이는 쪼르륵 밖에 나갔다가 어쩐 일인지 울며불며 돌아온다. 종이봉투가 찢어져 그 안에 든 양초가 냇물에 빠진 것이다. 고양이 손엔 들린 건 겨우 5개의 양초뿐이다. 할머니는 맥 빠지지만 그나마 다행이라 생각하고 케이크 위에 양초

《하지만 하지만 할머니》 사노 요코 글·그림

를 꽂게 한다. 그러곤 초를 헤아리다 깜짝 놀란다. "양초가 다섯 자루인걸. 올해 나는 다섯 살이 된 거야." 고양이도 축하의 말을 건넨다. 졸지에 동갑내기가 된 둘.

다음 날 아침, 할머니는 이제 다섯 살이니 고기를 잡으러 가야겠다며 고양이와 함께 밖으로 나간다. 꽃 냄새를 맡으며 자신이 팔랑팔랑 나비 같다고 생각한다. 냇물을 풀쩍 뛰어넘고 물에 첨벙 들어가서는 자신이 새 같고 물고기 같다고 여긴다. 할머니는 더 일찍 다섯 살이 되지 않은 것에 대해 생각한다. 도란도란 이야기 나누며

길 가는 둘의 뒷모습이 영락없는 다섯 살 조무래기이다.

오늘을 즐겁게 산다는 것

세월 속에서 나이를 먹어 아흔여덟 살이 되면 어떤 기분일까? 그 나이에 이르지 않은 나는 감히 상상을 못 하겠다. 영화 〈테일 오브 테일즈〉 속의 노파 자매가 몇 살인지는 알 수 없지만, 아무튼 퍽 나이가 든 건 확실하다. 둘은 흘러간 세월을 아쉬워하고 거울 속 자신들의 모습에 진저리를 친다. 늙지 않은 건 목소리뿐. 곱디고운 목소리로 노래 부를 때 그들은 기뻤을까, 서글펐을까? 어쩌면 목소리와 외모의 이율배반 속에 날이면 날마다 회한에 잠겼을 것이다. 덧없는 세월이 야속했을 것이다. 더구나 젊음과 아름다움에 탐닉하는 호색한 왕의 욕구를 본의 아니게 조장하고 말았으니. 피를 철철 흘리며 “아름다워질 거야. 젊고 아름다워져서 내가 세상에서 누릴 수 있는 걸 마지막 한 방울까지 누리고 말 거야.”라고 중얼대는 동생 노파의 모습은 섬뜩하면서도 한편 애처롭다.

흔히들 나이는 숫자에 불과하다는데 과연 그럴까? 내가 오십몇 해를 살아본 바로는 그렇지 않은 것 같다. 인간의 신체는 20대 초·중반을 기점으로 조금씩 활력이 감소하기 시작해, 마흔 살에 이르면 그 사그라듦을 선명하게 느끼게 된다. 몸이 예전 같지 않고 여기저기서 살살 다뤄달라고 신호를 보내온다. 불혹, 지천명, 이순이 되어도 사물의 이치나 하늘의 뜻 같은 건 알 수 없고, 그저 내 몸 삐그덕거리는 것은 확실히 알게 된다. 더구나 아흔아홉! 생각만 해도 아이구야, 소리가 절로 나온다.

누구나 늙는다. 나이를 먹는다는 건 신체의 변화만으로도 서글픈 일이지만 조금씩 죽음에 가까워지고 있다는 신호이기도 해서 더욱 거부감이 든다. 살아온 날보다 살아갈 날이 짧아져 갈 것이라는 자명한 이치를 받아들이기가 쉽지 않다. 죽은 뒤 자연으로 돌아가고 더는 어떤 자취도 남지 않으리라는 건 사람에게 얼마나 쓸쓸한 일인가.

인간을 포함한 모든 생명체가 나이 듦을 겪은 후에 죽음을 맞으리라고 생각한다. 하지만 놀랍게도 극소수의 종만이 노화를 경험할 만큼 오래 산다고 한다(하긴, 하루

살이와 금붕어가 늙어 죽지는 않을 테니). 게다가 문명이 발전하기 전에는 인간조차 노년기를 경험하는 일이 드물었다고 한다. 평균수명이 기원후 1900년까지는 20~30세, 1950년경에 이르러서야 겨우 48세가 되었단다. 과학, 의료 기술의 발달과 더불어 기대수명이 기하급수적으로 높아진 현재는 노화의 시간 자체가 길어지면서 그 와중에 병을 앓거나 기억을 잃기도 한다.

어찌 보면 우리가 이토록 늙음을 두려워하는 건, 이런 길고 지루한 노화의 과정이 애초에 인간 유전자에 아로새겨지지 않은 탓일 수도 있다. 현생인류가 겪는 새로운 재난인 셈이다. 그래서 옛이야기 속의 노파 자매는 그리도 기를 쓰고 젊음을 되찾으려고 했던 걸까?

도대체 노화와 죽음을 어떤 마음가짐으로 받아들이는 게 현명할까? 그림책에 등장하는 다섯 살 할머니가 답이 될 수 있다. 사는 모습이 무척이나 담박하고 단순하다. 걸핏하면 나이를 들먹이며 '이것도 못 하고 저것도 안 돼'를 입에 달고 살던 할머니의 변모가 귀엽다. 몸도 마음도 가뿐해 뭐든 시도해 보는 천진난만함에 절로 웃음이 난다. 앞으로 자기에게 남은 날이 얼마인지 굳이 헤아리거나 미리 겁먹지 않는 할머니가 부럽다. 어쩌면 할머니의 "하지만 하지만"은 두 번의 부정을 뜻하는 건지도 모르겠다. "하지만 난 아흔여덟인걸."과 "하지만 이젠 다섯 살이 되었는걸." 여러분은 '하지만' 뒤에 어떤 문구를 붙이고 싶은가?

이야기 속 할머니는 내년에 여섯 살, 내후년엔 일곱 살이 되어 변함없이 들판을 뛰어다니고 냇물에 발을 담글 것이다. 전에 크게 유행했던 〈100세 인생〉라는 노래의 "○○세에 저세상에서 날 데리러 오거든 아직은 젊어서 못 간다고 전해라."라고 한 가사처럼 할머니 역시 저세상에 대고 "아직 어려서 못 간다." 할지도 모르겠다.

하지만 그건 노화와 죽음에 대한 대책 없는 부정이나 외면과는 다르다. "나 즐겁게 지내고 있거든. 강이 있으면 뛰어넘고 들판이 있으면 달리고 생일이 오면 케이크를 구우며 잘 지내고 있거든." 하는 천진무구한 생의 토로일 것이라 생각한다. 멋지게 살아가는 할머니에게 박수를 보내고 싶다. 우리 모두 다가오는 생일에는 초의 개수를 확 줄여보는 게 어떨까?

이 행복을 누리며 영원히 살고팠건만

몇 년 전 아랍에미리트 두바이에서 인턴으로 일하던 딸이 전화를 걸어왔다. “엄마, 나 다음 주에 인도 가. 혼자 배낭 메고 2주 정도 둘러볼 거야.” 아니, 이게 무슨 청천벽력 같은 소리! “뭐, 인, 도오~?” 딸이 얼른 응수했다. “엄마가 말려도 갈 테니 상관 마셔. 그리고 걱정도 말고.” 전화 뚝. 내 딸 참 장하다.

그 밤을 꼬박 새우고 결심했다, 나도 따라붙기로. 딸이 좋아하든 말든 나 또한 상관 말라는 마음이었다. 몇 군데 여행사에 전화로 문의하고는 득달같이 여행상품을 예약했다. 딸에게 통보하듯 말했더니 내 결연한 의지를 읽은 듯, 순순히 알겠다고 답했다. 그 대신 현지엔 자신이 먼저 가서 며칠 다니고 있겠노라고. 얼마 뒤 나는 인도 가는 비행기에 몸을 실었다. 때는 2020년 1월, 한국에서 코로나가 확산하기 직전이었다.

한겨울의 인도, 갠지스강에서

인도를 향한 긴 비행 후 흐물흐물해진 나를 딸은 환한 미소로 반겨줬다. 생애 처음 만나본 인도는 생각했던 것 이상으로 낯설고 생경했다. 특히 바라나시의 갠지스강을 마주한 체험은 여태껏 가만히 고여 있던 생각의 갈피를 마구 헤집어 놓았다.

갠지스강에 가던 날, 여장을 푼 호텔에서 릭샤를 타니 가장 인파가 붐비는 곳에서 내리라 했다. 우리는 강을 향해 걸었다. 아직 1월이라 찬바람이 선뜩한 가운데 강가엔 수많은 힌두교도가 모여 서서 기도를 올리고 있었다. 독특한 향내가 났고, 새까만 밤하늘 아래 오색의 깃발들이 바람을 타고 너울댔다. 작은 배에 올라 물살을 타고 가면서 우리는 멀리서 죽은 이의 육신을 태우는 수십 개 나뭇단의 검붉은 불길을 봤다. 사람들은 저마다 비통과 슬픔으로 탄식하며 신에게 소망의 기도를 올리고 있었다.

생생한 죽음의 현장을 근거리에서 마주하자 숙연해졌다. 흐르는 물살에 작은 초를 띄우면서 낯모르는 이들의 안식을 빌었다. 밤의 갠지스강은 우리에게 깊은 침묵과 함께 충격을 선사했고, 호텔로 돌아가는 길에 나는 딸과 손을 맞잡았다. 사람과 자동차와 인력거와 동물이 한데 뒤섞인 거대한 무질서와 엄청난 소음 속에서 살아가는 일에 대해 새삼 생각했다. 삶과 죽음이 결코 멀리 있지 않다고 느꼈다.

죽음은 그저 가만히 바라볼 뿐이었습니다
《사과나무 위의 죽음》

그림책의 앞표지에는 온몸에 흰 털이 듬성듬성한 갈색 여우가 의심스러운 눈초리로 어딘가를 응시하고 있

《사과나무 위의 죽음》 카트린 셰러 글·그림

다. 나이가 꽤 들었는지, 목덜미가 구부정하고 두 귀는 한껏 처졌다. 오른손에는 한 입 베어 문 빨간 사과가 들려 있다. 왼손은 등 뒤로 돌렸는데 여우 뒤쪽으로 희끄무레한 그림자 같은 것의 뒷모습이 보인다. 양쪽 귀가 삐죽선 것이 종種이 다른 여우처럼 생겼다.

책을 활짝 펼치면 이번엔 뒤표지가 보이는데, 앞표지에서 갈색 여우를 마주 보던 카메라가 180도 회전한 것처럼 희끄무레한 것의 얼굴이 전면에 드러난다. 짐작한 대로 여우의 형상이다. 그는 등 뒤로 오른손을 뻗어 갈색 여우의 왼손을 맞잡고 있다. 이상한 건 그의 몸이 투명하다는 것. 귀신이거나 유령 같기도 하고 여우 할아버지의 과거 모습 같기도 하다. 혹시 제목에서 힌트를 얻을 수 있을까?

이야기로 들어가 본다. 여우 할아버지가 사는 굴 앞에는 탐스러운 사과나무 한 그루가 서 있고, 할아버지는 그 나무를 무척이나 아낀다. 그래서 가끔 새들이 날아와 사과를 쪼아먹으면 노발대발 화를 낸다. 어느 날 흰 족제비 한 마리가 할아버지가 놓은 덫에 걸린다. 족제비는 자기를 잡아먹지 말아 달라고 그러면 소원을 들어주겠다고 제안한다. 여우 할아버지는 곰곰이 생각한다. "누구든 내 사과나무에 손을 대는 녀석은 영원히 그 자리에 딱 붙어 버리면 좋겠어." 족제비는 이리저리 재주를 넘고 흥얼흥얼 주문을 외우더니 이제 소원이 이루어질 거라고, 주문을 풀고 싶으면 '이제 내려와' 하고 외치면 된다는 말을 남기곤 훌쩍 사라진다.

족제비가 제법 영험한 녀석이었는지, 검은 새 두 마리가 사과를 따 먹으러 왔다가 나무에 철썩 달라붙는다. 이어서 참새, 다람쥐, 애벌레, 딱정벌레, 고양이까지 같은 처지가 된다. 사과나무에 이상한 주문이 걸렸다는 소문이 온 숲에 퍼지고 아무도 사과나무를 찾지 않게 된다. 사과나무를 독차지한 여우 할아버지는 행복하다.

그러던 어느 날, 홀연히 손님이 찾아온다. 바로 다른 무엇도 아닌 죽음! (이미 표지에서 보았던 희끄무레하고 투명한 존재) 여우 할아버지는 깜짝 놀라 나무 뒤로 숨는다. 아직은 안 된다고 조금만 더 살게 해달라고 간청한다. 하지만 죽음은 그를 가만히 응시하며 고개를 저을 뿐이다. 할아버지는 꾀를 내어 자기 대신 빨갛고 윤나는 사과 한 알만 따 달라고 부탁한다. 죽음은 순순히 나무 위로 올라가고 아니나 다를까, 나뭇가지에 철썩 달라붙어 버린다. 만족스러운 할아버지, 이제 그는 천년만년 살 수 있을까?

드는 발도 걸음이고 딛는 발도 걸음이니

흔히 그림책이라고 하면 단순하거나 명랑한 이야기 혹은 단편적인 서사만을 다룬다고 생각하기 쉽지만, 독자들에게 깊은 사유의 실마리를 던지는 작품이 적지 않다. 《사과나무 위의 죽음》에서도 흥미진진한 스토리와 입체적인 캐릭터, 사건의 발발과 전개 과정에서 인물의 심리 변화를 보여주는 그림을 통해 탐욕, 영생, 상실, 죽음이라는 묵직한 주제를 다루고 있다.

여우 할아버지는 욕심이 많다. 자기 소유의 사과나무가 아닌데도 탐스러운 과실을 혼자만 독차지하고 싶어 한다. 우연히 족제비를 만나 소원을 이루게 되자 그는 가슴이 뿌듯하고 기운이 났다. 그 향기로운 냄새와 맛있는 과육을 언제까지든 누리고 살 성싶어 어깨가 절로 펴졌다. 이 기세라면 나이가 좀 들었어도 할머니와 도란도란, 걱정 없이 살 수 있으리라 생각했을 것이다.

그러다 저승사자의 방문으로 느닷없이 죽음을 맞닥뜨린다. 하필이면 이런 행복한 시기에 저세상으로 끌려가야 한다니! 재미없는 농담 같지 않았을까? 하지만 하늘이 무너져도 솟아날 구멍이 있는 법. 여우 할아버지는 기지를 발휘해 저승사자를 속박하고 쾌재를 불렀다.

과연 영원히 살 수 있겠다는 마음, 죽음으로부터 멀리 떨어져 회피할 수 있으리란 착각은 언제까지고 계속되진 않았다. 사계절이 순환하며 시간이 흐르는 가운데, 여우 할아버지는 생각지도 못한 아픔과 슬픔을 겪어야 했다. 영원할 것 같던 행복이 모래 알갱이처럼 흩어지는 걸 속수무책으로 바라봐야 했다. 그 상실의 자리엔 향긋한 사과 향도, 싱싱한 과육도 아무 소용 없었다.

죽음을 피할 수 있는 생명은 없다. 결국 죽음에 대한 우리의 자세가 문제다. 인도의 시성 타고르는《길 잃은 새들》이란 작품에서 다음과 같이 말했다. "탄생이 삶의 일부이듯 죽음도 삶의 일부이다. 드는 발도 걸음이고 딛는 발도 걸음이다." 걷기 위해서는 필연적으로 양발을 번갈아 내디뎌야 한다. 삶과 죽음도 마찬가지다. 한 발만 내딛고는 나아갈 수 없다. 삶은 죽음으로 완성되고, 죽음은 어쩌면 또 다른 삶으로 이어지니.

인도의 갠지스강을 떠올려본다. 어느 땅에 사는 누군들 죽음이 달가우랴. 그렇지만 인도인들에게 죽음이란 그저 삶과 손을 맞잡은 짝꿍 같았다. 누군가 죽으면 제단에 불을 피워 시신을 태우면서 신의 가호를 빈다. 가난하고 거친 땅이라서가 아니라, 종교적 신념 때문이 아니라, 그저 그들의 일상에 깊이 스며든 죽음을 굳이 밀쳐내지 않고 거부감 없이 순순히 받아들인다. 사람이란 결코 영원히 살 수 없음을, 그러므로 이 땅에 살아있는 동안 무언가를 손아귀에 쥐려고 아등바등할 필요가 없음을 그들은 잘 아는 것 같았다. 그런 마음으로 죽은 자의 뼛가루가 눅진하게 녹아든 강물에 스스럼없이 들어가 몸을 씻고 그 물을 받아 마시는 게 아닐는지.

다음 날 동트기 전에 다시 가본 갠지스강에는 기도 소리와 향내가 잦아들어 있었다. 고요한 그 시간에 하늘은 시시각각 얼굴을 바꾸며 붉게 물들었다가 열어지더니 이내 환하게 밝아졌다. 뭐라 형언할 수 없는 것으로 마음이 꽉 채워졌다. 일주일간의 여정을 마치고 귀국한 1월 하순의 인천공항엔 이미 코로나가 위협적인 앞발을 턱, 들이밀고 있었지만 난 별로 두렵지 않았다. 내 마음 어딘가가 달라져 있었다.

며칠 뒤에 《사과나무 위의 죽음》을 다시 읽었더니 전과는 무척 다르게 느껴지던 기억이 난다. 삶과 죽음이 교차하던 인도의 풍광도 시시때때로 떠올랐다.

그림책에 대한 사족 하나. 작가는 앞뒤 표지뿐 아니라 면지에도 말 없는 이야기를 숨겨 두었다. 앞면지에서 뒷모습을 보인 채 돌아앉은 게 누구인가는 알 만하지만, 뒤면지에서 땅바닥에 널브러진 것이 무언지 알아보려면 품을 좀 들여야 한다. 아울러 오른쪽 페이지에서 하늘로 올라가는 희미한 존재도 눈여겨보기를.

달걀 삶고 넥타이 매고 무지개를 향해

부산이 내뿜는 고유한 분위기를 좋아한다. 몇 해 전 어느 봄날에도 훌쩍 부산으로 향했다. 부산역에서 버스를 몇 번 바꿔 타고 '흰여울문화마을'에 갔다. 경사진 바닷가 동네 좁은 골목에 소박한 가게들이 다닥다닥 붙어 있었다. 굽이굽이 계단도 많아 열심히 발품 팔면서 구경하는 재미가 그만이었다. 그러다 어느 모퉁이 하나를 돌아서니 단층집이 나오고 그 앞에 버려진 물건이 있었다. 다가가 보았더니 놀랍게도 2단 오르간. 페달까지 갖춘 비싸고 귀한 악기가 형편없이 망가져 있었다. 건반은 주저앉고 페달은 부서졌으며 연주대도 군데군데 파손되었다. '문화마을의 전시 작품인가?' 싶을 정도로 생뚱맞은 광경. 한때 성당의 미사에서 장중하게 소리를 울렸을 오르간이 아프다며 비명을 지르는 것 같았다.

문득 소설 속 인물이 떠올랐다. 사회적으로 성공했으나 어느 순간 쇠락하기 시작해 급전직하 곤두박질친 인물, 고통에 차 몸을 비틀던, 러시아의 문호 톨스토이가 쓴 《이반 일리치의 죽음》의 주인공 '이반 일리치'이다.

"산을 오르고 있다고 생각하고 걸었지만,
사실은 산을 내려가고 있었다."

고위 관리의 아들로 태어나 페테르부르크의 예심판사가 된 이반 일리치는 적당히 순수하고 타산적이며 적당히 도덕적이고 방탕하다. 진급을 앞둔 어느 날, 그는 새 집의 침실과 응접실에 커튼을 달다가 사다리에서 발을 헛디뎌 미끄러진다. 옆구리가 조금 욱신거리지만 대수롭지 않게 여긴 그는 멋진 실내장식이 완성되자 실족 사건 따위는 잊어버린다.

그러나 희미하게 시작된 통증은 점점 심해져 종국엔 견딜 수 없는 지경에 이른다. 의사를 찾아가 보지만 별 소용이 없다. 통증을 이겨보려는 그의 분투가 시작된다. 하지만 신체의 고통은 날이 갈수록 심해지고, 게다가 가족을 비롯해 그 누구도 자기를 진심으로 동정하지 않는다는 것을 알게 된다. 몹시 좌절한 그는 자신이 그동안 산의 정상을 향해 차근차근 발걸음을 옮긴 게 아니라 실은 계속해서 미끄러지고 있었음을 깨닫는다. 시간이 흘러 이반은 임종을 맞이한다. 아들 바샤의 통곡 속에 진심 어린 위로와 사랑을 발견한 그는 그토록 혐오했던 사람들을 모두 용서한다. 그리고 자신의 지난날과도 화해하고 죽음을 기꺼이 받아들인다.

"나는 그리운 사람을 만나러 가는 거야."

《여행 가는 날》

소설 속 이반과는 전혀 다른 인물을 만나보자. 우리나라 작가 서영이 쓰고 그린 《여행 가는 날》의 주인공 할

《여행 가는 날》 서영 글·그림

아버지다. 그는 혼자서 조용히 살고 있다. 어느 날 밤, 자정을 넘어간 때에 누군가 문을 두드린다. 현관문을 열어 주지도 않았는데 연기처럼 스며드는 손님을 보고 할아버지는 어서 오라고, 기다리고 있었다며 반긴다. 손에 등불을 들고 있는, 조금은 수상쩍은 '뽀얀 안개 같은' 손님.

할아버지는 이내 여행 떠날 준비를 한다. 제일 먼저 하는 건 장롱 밑에 빼곡히 들어찬 동전 긁어내기다. 두 번째로 하는 일은 달걀 삶기. 세 번째로는 두툼한 옷 챙기기. 이제부터 갈 곳엔 돈도 옷가지도 필요 없다고 손님이 말하지만, 할아버지는 아랑곳하지 않는다. 먼 길 떠나는데 노잣돈은 꼭 필요하고, 잘 삶아진 달걀과 소금은 없어선 안 될 일용할 양식이며, 추위에 대비할 겉옷도 빠지면 안 되는 것이다. 그런 할아버지에게 여행지에 도착하면 아내가 마중 나올 거라고 손님이 말해준다. 할아버지는 "정말이냐!" 반색하곤 당장 수염을 깎는다, 묵은때를 벗긴다, 얼굴에 팩을 한다며 수선을 떤다.

꼼꼼하게 배낭을 꾸려 밖으로 나가니 구름 한 점 없이 맑은 여행 가기 딱 좋은 날이다. 할아버지는 설레는 마음을 감출 수 없다. "아내를 만나면 뭐라고 인사하면 좋을까? 도착하면 어머니, 아버지도 만날 수 있겠지?" 색 고운 분홍 꽃잎이 분분히 날린다. 저 멀리 오색 무지개 걸린 자리가 또렷하다. 할아버지는 무지개를 향해 발걸음을 재촉한다.

"무지개 너머 어딘가, 당신이 꿈꾸던 건 현실이 될 거예요."

그림책을 함께 읽고 나니, 내 또래의 수강생 한 분이 좋아하는 노래가 생각난다며 몇 구절 불러보겠다고 했다. 영화 〈오즈의 마법사〉의 삽입곡이자 영화배우 주디 갈랜드가 부른 〈무지개 저 너머Somewhere over the Rainbow〉. "저 높은 무지개 너머 어딘가에 자장가 속에서 들었던 땅이 있어요. 무지개 너머 파랑새들이 날고 당신이 꿈꾸던 건 현실이 될 거예요." 친숙한 멜로디에 강의실에 앉았던 분들이 흥얼흥얼 하나둘씩 목소리를 보탰다.

이야기 속 할아버지가 그토록 오매불망한 소풍이 어떤 건지, 무지개 너머 어디로 향할 것인지 우리는 잘 알고 있었다. 혼자 살아오며 외로움을 견뎠을 할아버지가 짠했다. 아내와 함께 쓰던 세간을 하나도 버리지 않고 가끔은 사진첩을 넘기며 옛 추억에 잠기곤 했을 할아버지에게 애틋한 마음이 들었다. "그래도 할아버진 꽤 잘 살아왔네요."라고 누군가 말했다. 정말 그렇다. 할아버지는 먼저 떠난 아내와 아름다운 추억을 많이 가지고 있었다. 색 바랜 사진들은 그들이 함께한 날들에 황금빛 광채를 발하는 순간이 적지 않았음을 말해준다. 더 오래전에 세상을 떠난 부모님과도 친밀하고 따뜻한 관계였던 것 같다. 아내를 만나러 가는 길, 부모님과 해후하러 가는 길이 얼마나 마음 설레고 발걸음 가벼울까?

임박한 죽음 앞에 말과 행동으로 드러나는 태도야말로 생을 어떻게 살아왔는지에 대한 방증일 것이다. 또한 사람들과 어떤 관계를 맺고 살아왔는지를 보여주는 거울일 것이다. 이반 일리치가 죽음 앞에 서 있을 때 그의 아내, 딸, 아들 그리고 동료들이 보여준 태도는 결국 그가 맺고 유지해 온 인간관계에 대한 일종의 결과물이었다. 사회적으로 성공을 했을지언정 안개 걷힌 호수 아래 펼쳐진 풍경은 절대 아름답지 않았다. 느닷없이 벌어진 사고로 이반은 자기 생을 비로소 돌아보았다. 죽음이 임박해서야 사람들에게 자신이 어떤 존재였던가를 실감했다. 마치 고원에 올라 산소가 희박해서야 그 존재를 실감하게 되는 것처럼 말이다. 아무도 손잡아주지 않는 현실이라니, 아픔이 얼마나 컸으랴. 그의 영혼은 갈 길을 잃고 헤매었고, 마음은 시시각각 무너졌다.

〈무지개 저 너머〉를 선창했던 분이 다시 입을 열었다.

"정말 잘 살아야겠어요. 할아버지처럼 행복한 마음으로 길 떠날 수 있으려면요. 아쉬움도, 미련도 없이 말이죠."

모두 무언가를, 누군가를 떠올리는 표정이 됐다. 사랑하는 사람들이 생각났을까? 먼저 소풍 떠난 이와의 재회를 예감하며 마음에 분홍 물이 들었을까? 혹은 날 좋은 날, 멋진 곳으로 여행 갈 생각에 마음이 달떴을까?

나는 이때다 싶어 "뭘 타고 소풍 떠나실래요? 가방에 어떤 걸 챙기실래요? 멋진 재회를 위해선 뭐가 필요할까요? 우리 한 번 그림으로 표현해 봐요." 하고 제안했다. 나이 지긋한 중년 참여자들의 스케치북에는 아끼는 자전거, 수십 년된 클래식 자동차가 그려졌다. 좋아하는 화분, 즐겨듣는 트로트 음반, 둘러앉아 나눠 먹을 음식으로 '고구마말랭이'와 막걸리, 최근에 담갔다는 겉절이와 수육이 그려졌다. 나는? 애지중지하는 그림책 서너 권과 음악 하던 시절의 악기를 그렸다. 단골 빵집의 샌드위치와 즐겨 입는 옷, 사랑하는 딸의 사진도. 각자가 그린 그림을 함께 들여다볼수록 유쾌해져서 우리는 수업 시간이 끝난 줄도 모르고 이야기꽃을 피웠다.

여러분은 어떤 물건을 꾸리고, 무엇을 타고, 누구를 만나러 가려는가? 모쪼록 좋아하는 날씨에 설레는 발걸음으로 길을 떠날 수 있길 바란다.

함께 보면 좋아요

《파랑 오리》(릴리아 글·그림)

혼자서 구슬피 울고 있는 새끼 악어를 따뜻하게 품어주며 엄마 되기를 자처한 파랑 오리. 그녀는 온 마음을 다해 아기를 키워내고, 새끼 악어는 어느새 자라나 의젓한 어른이 된다. 하지만 언제부터인가 자식을 알아보지 못하는 엄마 오리. 생명 있는 것이면 그 누구도 피해 가지 못할 노화와 쇠락의 과정을 가감 없이 보여주고, 서로 사랑을 주고받는 관계야말로 진정한 가족임을 보여주는 가슴 뭉클한 그림책.

《할머니 주름살이 좋아요》(시모나 치라올로 글·그림)

구부정한 등을 하고 앉아 과거를 곱씹기만 할 것 같은 연세 많은 할머니. 얼굴 가득 패인 주름엔 켜켜이 잊지 못할 기억이 자리하고 있다. 가족 간의 사랑과 다툼, 특정한 날의 놀라움과 희열이 서려 있다. 소중한 하루하루의 기억이 시냇물과 강물 되어 할머니의 인생이라는 커다란 바다를 이루었다. 손녀가 명랑하게 외친다, "할머니 주름살이 좋아요!"라고.

《기억의 풍선》(제시 올리베로스 글·다나 울프카테 그림)

오랜 시간을 살아온 소년의 할아버지에겐 풍선이 아주 많다. 오색의 풍선 하나하나마다 생의 기억이 담뿍 담겨 있다. 그런데 그 풍선이 언제부턴가 하나씩 날아가기 시작한다. 속절없이 떠나가는 풍선을 애써 잡으려 하지 않는 할아버지가 소년은 도무지 이해되지 않는다. 그러다 할아버지의 풍선에 든 기억의 일부가 자신에게도 있다는 것, 함께 나눈 그 시간 속에서 추억은 휘발되지 않고 서로의 가슴에 남는다는 것을 깨닫는다. 노화의 과정에서 겪는 치매를 아름다운 그림과 가슴 저릿한 글로 잘 표현한 그림책.

바니타스 정물화

〈해골과 꽃다발이 있는 바니타스 정물〉 아드리엔 판 위트레흐트

바니타스 정물화는 세속적인 삶은 기독교적 가치인 영원성에 비해 짧고 덧없으며 끝이 있다는 메시지를 전달한다. 실로 많은 화가들이 이러한 정물화를 그렸다. 작품 속 활짝 핀 꽃, 타오르는 초, 싱싱한 사과는 언젠가는 시들고 꺼지고 썩게 된다. 이것은 젊음의 열기를 내뿜는 청춘도 시나브로 스러져 노인이 되고 죽게 된다는 것을 상징한다.

〈바니타스〉 안토니오 데 파레다

〈바니타스 정물-삶〉 에버트 콜리에

〈사계〉 중 10월 '가을의 노래'(차이코프스키 작곡)

〈사계〉는 차이코프스키가 러시아 시인들이 쓴 시에 노래를

붙인 작품으로 그중 '가을의 노래'는 알렉세이 톨스토이의 시에 영감을 받아 작곡했다. 10월은 수확과 풍요로움의 계절이지만 한편으론 사그라지고 사위어가는 것들의 쓸쓸한 시간이기도 하다. 그렇기에 톨스토이는 "가을, 뜰은 초라해지고 노랗게 물든 나뭇잎은 바람에 흩날린다."라고 노래했다. 떨어진 낙엽과 고요, 가을의 깊고 아름다운 색채가 음악 속에 살아 있다. 차를 마시며 들으면 더욱 운치 있다.

《사로잡는 얼굴들》(이사 레슈코 글·사진)

노화와 죽음에 관한 이미지를 카메라에 담는 이사 레슈코는 미국 전역을 돌아다니며 나이 든 농장 동물의 사진을 찍었다. 동물이 '생명을 다하도록 살 권리'를 말함과 동시에 '자유롭고 존엄한 죽음이란 무엇인가'를 고찰한다. 작가는 돌아가신 자신의 어머니를 돌본 경험에서 프로젝트를 시작했다며 "나이 든 동물들과 함께한 경험은 나에게 노년이 저주가 아닌 사치라는 것을 알게 했다. 이 동물들이 보여준 것과 같은 초연하고 품위 있는 태도로 최후의 쇠락을 마주하고 싶다."라고 말했다. 사진을 오래도록 바라보면 그들의 얼굴이 사람의 그것과 그리 다르지 않다는 걸 알게 된다. 우리는 모두 그들처럼 늙어가고 있다.

《죽음의 수용소에서》(빅터 프랭클 지음)

저자인 빅터 프랭클은 유대인으로 나치 강제수용소에서 참혹한 고통을 겪고 살아남았다. 절망적인 시간 속에서도 그는 인간다움의 의미에 대해 사유했고, 인간 삶의 동기는 결국 '의미를 찾으려는 의지'에 있음을 깨달았다. 눈앞에 죽음이 닥쳐도 우리는 인간이기에 존엄을 잃지 않을 수 있음을, 어떤 상황에서라도 계속 앞으로 나아갈 수 있음을 알려주는 책.

《아직 오지 않은 날들을 위하여》(파스칼 브뤼크네르 지음)

인간의 기대수명이 기하급수적으로 늘면서 이제 60, 70대를 단순하게 '노인'이라 부르기 어색한 시대가 되었다. 작가는 이에 더해 '성숙과 노년 사이의 모라토리엄을 잘 활용하여 새로운 삶의 기술을 만들고 싶은 사람들'을 위해 '존재의 피로와 황혼의 우울을 피하기 위한 노하우'를 구체적으로 제시한다. 포기, 루틴, 시간, 욕망, 죽음, 영원 등으로 제시된 키워드와 각각의 소제목만 보아도 얼른 책을 읽고 싶어진다.

3부

사랑하는 이들을 위한 마지막 선물

누구나 선물을 좋아한다. 선물을 받는 것도 반갑지만 누군가를 위해 선물을 마련해 건네는 것도 그에 못지않은 기쁨이다. 받는 이를 위해 정성껏 준비할 땐 마음이 설레고, 선물 받고 기뻐할 상대의 모습을 생각하면 즐거운 기대가 차오른다. 설렘, 배려, 정성, 기대가 모두 한 꾸러미에 들어있는 것이다. 하물며 받는 이가 가장 기뻐할 선물을 주는 행복은 어디에 비할 바가 아니다. 그렇지만 그것이 그이와 주고받은 이생에서의 '마지막 선물'이라면 어떨까? 당시엔 마지막이 될 줄 몰랐지만 결국 그렇게 된 혹은 마지막인 걸 알면서도 기꺼이 건네고 받았던 선물이라면? 그 무엇보다 애틋하고 소중할 것이다.

그림책 안에서는 세상 떠날 날이 머지않은 이가 뒤에 남을 이를 위해 선물을 준비한다. 자신이 떠난 후 마음 아파할까 봐 미리 다독이기도 하고 삶을 살아가는 귀한 지혜를 전수하기도 한다. 경우에 따라선 살아생전에 이별식을 하면서 사랑하는 이와 추억을 쌓거나, 이미 고인이 된 뒤에 못다 한 말을 전하기 위해 산 자들의 세상으로 잠시 돌아오기도 한다. 혹은 다시 만나지 못할 걸 예감하면서 대가 없는 선물을 주고 미련 없이 발길을 돌리는 이야기도 있다.

우리도 '생전이별식'('고별식' 또는 '생전장례식'으로 부르기도 한다)을 치를 수 있을까? 떠나는 자와 남겨질 자가 한 공간에서 눈 맞추고 흐뭇한 미소를 주고받는 시간을 마련할 수 있을까? 못다 한 말을 건네고 따뜻하게 서로를 안아줄 수 있을까? 사랑과 감사와 용서와 위로의 메시지를 전하고 먼 훗날 재회를 기약하며 손가락 걸 수 있을까?

남겨질 이들과 함께하고 싶은 일을 '버킷리스트'로 작성해 보거나 떠날 이들이 자신만의 리스트를 채워가도록 옆에서 힘을 보탤 수도 있다. 배려하고 기도하는 마음으로, 축복하고 소망하는 가슴으로. 물론 이별의 선물을 말하는 그림책의 한 페이지를 펼쳐놓고 도란도란 이야기 나눠도 좋으리라.

이야기와 추억은 우리 안에 있지

매듭은 '실이나 끈 등을 묶어 맺은 자리'를 뜻한다. 매듭이라는 단어에 '짓다', '맺다', '묶다', '풀다', '끄르다'라는 표현을 쓴다. 말 그대로 '묶인 부분을 만들거나 푼다'는 의미와 '사람 간의 관계'를 묘사할 때 쓰는 말이다. 한편, 한복 저고리에는 고름이 있는데 '저고리나 두루마기의 깃 끝과 그 맞은편에 하나씩 달아 양편 옷깃을 여미도록 한 헝겊 끈'을 말하는 것으로, 역시 고름을 '매다', '풀다' 등으로 쓴다. 무언가를 여미고 묶는다는 의미에서는 한복의 고름도 일종의 매듭이라 할 수 있다.

마치 국어학자나 되는 듯 매듭이니 고름이니 얘기하

는 까닭은 나의 절친한 친구가 자기 어머니 임종 때에 이매듭짓기를 참 잘했기 때문이다.

고름을 매어 드릴게요

친구의 어머니는 젊어서부터 심장이 약했다. 세 남매를 모두 출가시킨 뒤, 한동안 아들 며느리와 지내다가 내 친구인 막내딸네로 옮기기로 했다. 친구는 약사이기에, 어쩌면 병이 있는 어머니도 딸과 함께 살면 마음이 든든할 터였다.

이사를 일주일 앞둔 날, 어머니는 잠시 낮잠을 자러 침실로 들어갔다. 하지만 그 잠깐의 오수는 영원한 잠이 되고 말았다. 몸을 흔들어도 깨어나지 않는 바람에 가족은 앰뷸런스를 호출했고, 어머니는 큰 병원으로 실려 갔다. 수술실에 들어가기 전 잠시 의식이 깨어나 무언가를 말했으나 가족은 도무지 알아들을 수 없었다. 네 시간의 수술이 끝나자 어머니는 병실로 옮겨졌다. 그러고는 다시는 말씀을 하지도, 눈을 뜨지도 못하게 되었다.

의사의 사망선고가 내려진 후, 장의사가 와서 염을 하려 했다. 수의는 어머니 생전에 미리 준비해 둔 고운 한복이 마련되어 있었다. 문제는 이미 상반신에 경직이 일어나 저고리를 입히기가 난망이라는 것이었다. 장의사는 통상 그렇게 한다면서, 저고리 뒷부분의 가운데 솔기를 뜯어내자고 했다. 친구는 펄쩍 뛰었다. 아무 망설임 없이, 자신이 직접 옷을 입혀드리겠노라 선언했다.

어머니의 시신을 깨끗이 닦고 조심스레 속옷과 치마를 입히고는 사투를 벌이듯 저고리를 마저 입혔다. 솔기를 뜯거나 옷감을 자르지 않은 채 입히기가 무척이나 힘들었다고 한다. 그러고는 저고리 고름을 매고(통상 수의에는 옷고름을 매지 않는다) 묵주를 손에 감아드리고 어머니 얼굴을 뵈니 편안해 보이더란다. 이렇게 딸은 어머니 저고리에 마지막 매듭을 만들고, 마흔다섯 해 동안 지속되었던 모녀의 살아생전 관계 또한 매듭지었다.

그게 뭐더라, 끝내지 못한 게 있는데…
《유령이 된 할아버지》

어린 소년 '에스본'의 단짝 친구였던 할아버지가 돌아가셨다. 에스본의 엄마는 할아버지가 천사가 되어 하늘나라로 가셨다고 하고, 아빠는 할아버지가 땅속에 들어가 흙이 될 거라고 말한다. 하지만 에스본은 두 이야기 다 믿기지 않는다. 날개 달고 하얀 가운을 입은 할아버지라니. 멀쩡했던 사람이 흙으로 변하다니!

장례를 치른 밤, 할아버지가 에스본의 방에 나타난다. 에스본은 서랍장 위에 우두커니 앉아 있는 할아버지를 발견하곤 유령이 된 거냐고 묻는다. 아닌 게 아니라 할아버지는 마음대로 벽을 드나들질 않나, "우후후후" 하는 소름 돋는 소리를 내질 않나, 보통 사람으론 보이지 않는다. 할아버지는 이 세상에서 뭔가를 끝내지 못하고 죽은 사람이 유령이 된다는 문구를 책에서 읽곤 "내가 뭔가 빠트린 게 틀림없어. 이를 어쩐다?" 하고 난감해한다.

다음 날 밤, 둘은 창문과 벽을 타고 넘어가 할아버지의 집으로 가서 이것저것 뒤져본다. 옛 사진을 하나하나

《유령이 된 할아버지》 킴 푸브 오케손 글·에바 에릭손 그림

들여다보며 온갖 기억을 떠올리지만 빠트린 게 뭔지 몰라 난감하다. 셋째 날 밤에도 둘은 밤새 시내를 돌아다닌다. 이렇게 꼬박 사흘이 지나간다. 밤잠을 자지 못해 퀭한 에스본이 계속 유령 타령을 하자 엄마 아빠는 유치원을 쉬게 한다.

넷째 날 밤, 할아버지가 또 찾아온다. 서랍장 위에 앉아 빙긋이 웃고 있는 할아버지를 보고 에스본은 뭐가 그렇게 좋냐고 묻는다. "등잔 밑이 어둡다더니, 내가 빠트린 건 바로…." 할아버지가 드디어 뭔가를 생각해 낸 걸까? 잊었던 일이 떠오른 걸까?

소망을 엮고 기도를 담아

색연필의 질감이 고스란히 느껴지는 그림이다. 죽음을 소재로 하면서도 색감이 어둡지 않고, 현재와 과거의 여러 시점이 교차하면서 생동감을 준다. 게다가 어른, 아이 할 것 없이 등장인물들이 귀엽고 사랑스럽게 표현되어 있다. 그러니 제목만 보고 어린이와 이 책을 함께 보는 일에 너무 겁먹지 마시길!

'한 사람 안에 온 우주가 있다'라고 했던가. 할아버지가 지난 시절을 추억하기 시작하자 정말 많은 것이 떠올랐다. 가령 형의 자전거를 물려받았다거나 에스본의 할머니와 사랑에 빠졌던 일, 아이가 오줌을 싸 양복이 젖고, 마당에서 딸기를 키워 따 먹던 일 등 할아버지는 손주와 거리를 걸으며 여러 가지를 기억해 냈다. 먹고 마시고 보고 듣고 울고 웃었던 일들이 생생하게 살아나며 파노라마처럼 펼쳐졌다. 그야말로 '추억은 방울방울'.

하지만 결정적으로 '빠트린' 일 한 가지가 생각나지 않으니, 답답해 미칠 노릇. 구석구석 집을 뒤지고 샅샅이 시내를 돌아 다녀봐도 떠오르지 않으니, 원! 그러다 넷째 날 밤에 드디어 잊고 있었던 걸 알아냈다. 에스본이 할아버지 대신 지난 일을 말하기 시작했다. 조그마한 꼬마의 머릿속 어딘가에 저장해두었던 추억이 잘 익어 벌어진 알밤처럼 우르르 쏟아져 내리자 흡족한 할아버지는 미소를 띠었다. 이제야 찜찜했던 일을 드디어 매듭지을 수 있는 것이다.

요즘 어린이들이야 눈코 뜰 새 없이 바빠 조부모와 살뜰한 시간을 갖기 어렵지만, 50대 이상 중년은 달랐다. 강의할 때 들어보면 이들은 메뚜기 잡아다가 할머니께 볶아달랬고, 들에서 불장난하다 할아버지한테 종아리를 맞았고, 할배의 무등을 타고 오일장에 구경 갔고, 명절엔 할머니가 부쳐준 맛난 전을 배불리 먹었단다. 또 겨울이면 화롯가에서 고구마 구워 먹으며 놀곤 했단다. 옛 기억을 소환하는 이들의 얼굴이 행복해 보였다. 조부모님들은 이미 돌아가신 지 오래지만 추억은 빛바래는 법이 없나 보다.

어르신들은 손주들을 앞에 앉히고 '팥죽할멈과 호랑이', '해와 달이 된 오누이' 같은 옛날이야기부터 가문과 조상, 자신의 어릴 적 이야기 등 지난 일들을 풀어놓았을 것이다. 또 손주들은 일고여덟 살 짧은 생애에 일어난 일들을 조랑조랑 떠들지 않았을까? 말하고 듣는 시간이 중첩될수록 이야기는 말하는 이와 듣는 이의 가슴 속에서 살아나 더는 흘러간 옛일이 아니고 생생한 서사가 된다. 더구나 조손간에 피어나는 이야기꽃이라면 얼마나 정겹고 살가울까? 이야기는 일종의 매듭이 되어 저고리의 고름처럼 오고 가는 눈빛을 묶어주면서 결속을 단단히 해주었을 것이다.

한편, 매듭은 기도이기도 하다. 어머니를 떠나보낸 내 친구는 어머니 손에 자신이 쓰던 묵주를 쥐여드렸다. 그 묵주의 매듭마다 심장이 약한 엄마를 위한 기도와 삶의 곤란에 대한 간구, 가족의 평안과 안녕을 바라는 소망이 들어있었을 것이다. 어머니도 알고 딸도 아는 이야기 그리고 어쩌면 서로 미처 헤아리지 못했던 이야기까지 어머니 가슴으로 건너갔을 것이다. 친구는 그렇게 간절한 기도를 담은 손길로 어머니를 보내드렸다. 딸이 엄마에게 드릴 수 있는 가장 고귀하고 정성스러운 선물이었다.

그림책 속 이야기에서처럼 사랑하는 사람과의 이별을 앞두고 아름다운 매듭짓기를 할 수 있으려면 우선 살아온 시간 속에서 돈독한 관계를 만들어야 한다. 서로 주고받은 이야기가 많을수록, 매듭을 차곡차곡 쌓아 왔을수록 좋다. 매듭의 개수가 늘어나면서 서로에 대한 애틋한 사랑과 측은지심은 커가는 법이다.

한 사람의 소망을 엮게 하고 두 사람의 엉킨 마음을 풀어버리게도 하는 매듭. 한 송이씩 엮이는 매듭 속에 나는 누구와 어떤 이야기를 쌓아가고 있는지 생각해 본다. 이별의 순간을 맞이할 때, 평생 손안에서 매만졌던 기도와 소망의 매듭을 건네줄 수 있다면 얼마나 좋을까? 그럴 수만 있다면 떠나는 이도, 남는 사람도 더 바랄 일이 없을 것이다.

겨울 가고 봄이 오면
내 생각을 해주렴

지인 J는 한때 호스피스 병동에 보호자 자격으로 머물렀다. 위암으로 아내의 병세가 위중했을 때였다. 병을 앓는 이든 그 가족이든 희망을 갖고 치유를 바라지만 어느 순간부터는 그것이 헛된 바람이란 걸, 점점 다가오는 이별의 순간을 한없이 밀어낼 순 없다는 걸 누가 말해주지 않아도 알게 된다.

J는 아내의 생명이 다하기 전에 이십 년 가까이 맺어온 부부의 인연을 잘 마무리하고자 그녀의 의식이 있을 때 되도록 많은 이야기를 나누려고 애썼다. 하지만 아내는 곧 혼수상태에 빠졌고 J는 안타까움, 눈물, 얼마간의

체념 속에 무릎을 꿇고 간절히 기도했다. 소중한 시간이 재깍재깍 흘러갔다.

우리가 다시 만나지 못할지라도

호스피스 병동에선 환자가 사망해 침상을 빼는 일이 일상적으로 생긴다. 병원 측에서는 늦은 밤에만 그 일을 했다.

어느 밤, J는 밖에서 나는 소리를 듣고 복도로 나갔는데 맞은편 병실 문 앞에 J처럼 소리를 듣고 나온 성싶은 할머니 한 분이 서 있더란다. 곧 병원 스태프 몇몇이 복도 끝방에서 죽은 이를 실어 내가기 시작했다. 할머니와 J의 시선이 공중에서 얽혔을 때 할머니가 조용히 묻더란다. "우리 딸이 암으로 고통받고 있다오. 이제 30대인데… 거긴 어때요?" 그는 나지막이 "제 아내가 누워있습니다. 40대, 위암입니다."라고 대답했다.

할머니의 얼굴에 안타까움과 연민이 번져 보였다고 한다. 둘은 서로를 위해 기도하기로, 설사 다시 못 만난다 해도 기억이 살아있는 한 서로의 사랑하는 이를 위해 기도하자고 약속했다고 한다. 그 밤에 그들이 서로에게 줄 수 있는 가장 소중한 선물이었다.

너희들을 바라보고 들을 수 있음에 감사해

《오소리의 이별 선물》

그림책 앞표지에는 몸집이 큼지막한 오소리가 가위 공예로 만든 종이 인형을 손에 들고 있다. 두더지가 놀랍다는 듯 그걸 쳐다보고 있다. 오소리 앞쪽으로는 두더지, 개구리, 여우, 토끼 등 숲속 동물들이 길게 줄을 서 있다. 모두 오소리에게서 무언가를 받거나 건네려는 것 같다. "오소리는 누구든 도움이 필요하면 도와주었기 때문에, 모두들 그를 믿고 의지했어요."라는 문장으로 본문이 시작된다.

오소리는 나이가 지긋하고, 자신이 곧 어디론가 떠나게 되리라는 것을 안다. 그리고 그 시간이 닥쳤을 때 친구들이 너무 슬퍼하지 않기를 바란다.

《오소리의 이별 선물》 수잔 발리 글·그림

어느 날, 오소리는 두더지와 개구리가 언덕 아래에서 뛰어다니는 걸 본다. 그들의 활력이 부럽고 그 광경을 볼 수 있음에 감사한 마음이다. 지팡이를 짚은 채로 오래도록 친구들을 바라보다가 집에 돌아가니 이미 깊은 밤. 오소리는 창과 커튼을 닫고 저녁을 먹은 후 편지를 쓰고는 흔들의자에 앉아 부드러운 움직임에 몸을 맡긴다. 잠이 든 그는 곧 이상야릇하지만 멋진 꿈을 꾸기 시작한다. 놀랍게도 꿈속에서 그는 지팡이 없이 자유롭게 뛰어다니고 있다. 몸이 홀가분해진 그는 앞쪽으로 트인 긴 터널을 향해 질주한다.

다음 날 아침, 친구들이 오소리네 집 문 앞에 모여 왜 여느 때처럼 그가 아침 인사를 하러 나오지 않는지 궁금해한다. 여우가 앞으로 나서더니 오소리가 지난 밤 손수 적은 편지를 친구들에게 읽어준다. 모두는 무슨 말을 해야 할지 몰라 한다. 두더지는 집으로 돌아와 베갯잇이 젖도록 울고 또 운다.

곧 동물들은 오소리와의 다정하고 살뜰한 추억을 떠올린다. 두더지는 오소리가 종이 오리기를 가르쳐주었던 때를, 개구리는 미끄러운 얼음 위를 지칠 수 있도록 오소리가 손잡아주었던 일을, 여우는 넥타이 매는 법을 가르쳐주었던 일화를 이야기한다. 토끼 부인은 오소리에게서 생강빵 만드는 법을 배웠던 때를 기억해 낸다. 이렇게 오소리는 누구든 자기를 필요로 하는 친구가 있으면 바로 거기, 그 자리에 있곤 했다.

이윽고 눈이 녹고 봄이 온다. 두더지는 혼자서 언덕 위에 오른다. 하늘에는 어여쁜 핑크빛 구름이 떠 있고, 두더지가 손을 들어 무어라 말하니 구름이 가만히 화답한다.

그대가 가장 필요한 걸 드릴게요

사랑하는 가족과 친구를 떠나보내는 일은 우리를 망연자실하게 만든다. 오소리가 땅속 터널을 통해 다른 세상으로 건너갔을 때 친구들은 눈물을 멈출 길 없었다. 너무 슬퍼하지 말라던 오소리의 전언은 꽁꽁 언 땅 위에 미증유로 남았다.

오소리는 죽음이 딱히 두렵지 않았다. 죽는다는 건 그저 육신을 뒤에 남기고 다른 세상으로 떠나는 것일 뿐이므로 크게 마음 쓰지 않았다. 그의 마음에 그림자를 드리우는 건 자신이 떠난 뒤에 친구들이 어떻게 지낼까 하는 걱정뿐이었다.

그래서였을까? 그는 친구들 각자에게 꼭 필요한 것이 무엇일까 곰곰이 궁리했다. 아니, 평소에 늘 다정하고 세심하게 그들을 살폈기에 이미 알고 있었다. 그래서 생을 살아가는 지혜를 보석 같은 유산으로 남기고 떠날 수 있었다.

겨울이 물러가고 봄이 왔을 때 슬픔에 젖어 있던 친구들을 달래 준 건 오소리에 대한 따스한 추억이었다. 함께

했던 시간을 떠올릴 때마다 그들은 행복했다. 추억의 저장고에서 이런저런 순간이 떠올라 그들의 얼굴에 미소가 어렸다. 슬픔과 그리움은 잊히거나 묻힌 것이 아니라 바람과 구름이 되어 대자연의 품속으로 녹아들었다. 친구들은 오소리가 보고 싶을 때마다 하늘을 바라보고 손짓하면 되었다. 손나팔을 만들어 목청껏 외치면서 인사를 전하면 되었다.

어두운 시각, 병동의 복도에 서서 다른 이의 시신이 실려 나가는 걸 바라보던 J와 할머니는 어땠을까? 어쩌면 그들은 서로의 사랑하는 이들도 머지않아 똑같은 모습으로 병실을 나가게 되리라는 걸 예감했을 것이다. 아무도 없는 복도, 병원 스태프들의 조용한 움직임, 늦은 시각…. 그 순간이 결코 멀리 있지 않은 걸 알기에 그들은 고통을 겪고 있었다. 아픈 이를 속절없이 지켜보는 일도, 헤어짐의 순간이 시시각각 다가오는 걸 견디는 일도 힘겨웠다. 그렇게 똑같은 두 마음이 복도를 사이에 두고 만나 서로 교감했다. 무너지는 마음을 붙잡아줄 수 있는 건 피차 기도밖에 없다는 걸 그들은 알았다.

시간이 흘러 이제 오래전 일이 되었지만, J는 아직도

할머니의 딸을 위해 기도한다. 할머니 또한 J의 아내를 위해 기도하고 있을 것이다. 앞으로도 계속해서, 처음의 약속을 저버리지 않은 채로.

이처럼 우리는 마음을 다한 선물을 주고 받으면서 아름다운 인연에 감사하고 관계의 영속을 생각한다. 그렇게 서로의 마음에 닻을 내린다. 더구나 상대가 슬픔과 절망에 압도되어 가장 연약한 상태에 놓여 있다면야, 말 없는 중에도 두 사람 사이에는 작은 우주가 생겨날 것이다.

그대와 나, 언제 어떤 모습으로 만나든 가장 진실한 걸 주고받을 수 있다면 좋겠다. 그 순간엔 알 수 없을지라도 서로에게 마지막 선물이 될 수도 있으니까. 소중한 선물을 품고 한 생을 살다가 서로 다른 방향으로 걸어 긴 터널 안으로 들어갈 수도 있으니 말이다.

환상의 섬에서 우리 함께

딸이 어렸을 때 가장 친한 단짝은 외할아버지, 즉 나의 아버지였다. 얼마나 알콩달콩 다정한지 질투가 날 정도였다. 딸이 할아버지랑 손잡고 놀이동산에 다녀온 날에는 신나는 놀이기구 타고, 맛난 것 먹고, 화려한 불꽃놀이도 구경했다면서 종알종알 자랑하기에 바빴다. 딸의 얼굴에도 아버지의 얼굴에도 홍조가 어려 있었다.

아버지로선 노년이 시작되지 않은 50대 후반의 나이에 만난 첫 손주였다. 첫딸의 첫딸. "하부지, 하부지!" 하며 졸랑졸랑 따르는 아이를 얼마나 사랑하셨는지. 그로부터 이십 년 넘는 세월이 흘러 이제 아이는 성인이 되고 아버지는 노인이 되었다. 아버지도, 딸도, 나도 그 시간이 무척이나 그립다.

길을 떠나지 못한 아쉬움

아버지는 언젠가부터 산티아고에 가보고 싶어 했다. 훌쩍 자란 손녀를 동반해 그곳을 여행할 기회가 실제로 있기도 했다. KBS의 〈걸어서 세계 속으로〉라는 프로그램에 출연 신청을 해보자고 손녀가 먼저 제안했다. 둘은 머리를 맞대고 수군수군하더니 '할아버지와 손녀가 함께 걷는 산티아고길'이 좋겠다고 했다. 기획서를 만들어 넣으려는데, 산티아고 걷는 콘셉트가 더 이상 참신하지 않다며 주위에서 제동을 걸었다. 그 말에 기획 방향을 틀어 애초의 생각과 다른 걸 접수한 게 패착이었다. 방송국에서는 두 사람을 인터뷰까지 했지만 결국 출연은 불발로 끝났다. 딸은 두고두고 아쉬워했다. 아버지도 말씀을 안 해서 그렇지 크게 실망한 눈치였다. 오래 염원하던 여행길을 사랑하는 손녀와 함께 걸을 수 있는 절호의 기회였는데. 그 길을 걸으며 손녀와 두런두런 나누고 싶은 이야기가 가슴에 가득했을 텐데.

이제 아버지 연세는 여든 살을 한참 넘었으니 산티아고 여행은 생각하기 힘든 일이 되었다. 십 년 전에 비해 걸음은 크게 느려지고 눈도 어두워졌다. 지병도 오래되어 매일 약을 먹는다. 그러므로 손녀와 함께했던 지난날의 기억, 가령 인사동 노점에서 실타래 엿 만드는 걸 본 일이라던가 민속촌에서 부침개랑 도토리묵을 먹었던 일, 크리스마스이브에 손잡고 명동거리를 걸었던 일은 이제 아버지 머릿속에서 반복 재생되는 그림이 되었다. 무언가 또 다른 추억거리를 원하진 않을까? 어쩌면 여전히 아름답고 찬란한 여행을 꿈꾸고 계실지도 모를 일이다.

걱정말아라, 할애비는 외롭지 않으니
《할아버지의 섬》

주인공 '시드'는 할아버지네 바로 옆집에 산다. 출입

《할아버지의 섬》 벤지 데이비스 글·그림

문을 삐걱 열고 큰 나무 하나 지나면 바로 거기가 할아버지 댁. 할아버지는 정원을 열심히 가꾸고 간간이 그림도 그리는 멋쟁이다. 집안 곳곳에 반려 식물이 있고 반려묘도 한 마리 있다.

어느 날 시드는 할아버지가 계신 다락방으로 올라간다. 낡은 궤짝과 오래된 축음기와 빈 새장 그리고 오랑우탄 인형이 있는 다락에서 할아버지가 벽에 드리웠던 흰 천을 걷자 커다란 철제문이 나타난다. 정중앙에 배의 조종 기어 같은 게 붙어 있는 신기한 문이다. 시드가 손잡이를 돌리니 덜컹하고 열린다. 아, 그런데 문밖의 세상이 수상쩍다. 시드와 할아버지는 난데없이 커다란 배의 갑판 위에 서 있고 사방엔 푸른 바다가 펼쳐져 있다. 곧 할아버지는 조종대를 잡고 경적을 울린다. 태생이 뱃사람이기라도 한 것처럼 노련한 솜씨로 배를 부린다. 배는 순항하고 뭍이 배 뒤쪽으로 까마득히 멀어진다. 얼마나 떠나왔을까? 저만큼 앞쪽에 섬이 나타난다.

닻을 내리고 상륙한 섬에는 무성한 밀림이 펼쳐져 있다. 꽃과 숲과 바람이 두 사람을 반긴다. 할아버지는 자기 몸처럼 지니고 다니던 지팡이를 내팽개치더니, 버려진 오두막을 발견하곤 팔을 걷어붙인다. 오두막 안을 싹싹 쓸고, 먼지를 탁탁 털고, 창턱에 화분을 놓고, 출입구엔 예쁜 발도 드리운다. 두 사람 곁에서는 (아까 다락에 있던 인형과 똑같이 생긴) 오렌지색 오랑우탄이 차를 끓여 나르고, (다락에 있던 거북 모양 도기를 닮은) 거북이가 바닥에 놓인 짐 사이를 걸어 다니며, (섬에 상륙한 직후부터 쭉 같이 다녔던) 펠리컨처럼 커다란 새가 퍼덕퍼덕 날면서 지붕 엮을 나뭇가지를 물고 온다. 둘은 망중한을 즐기고 폭포에서 뛰어내리기도 하며 행복한 순간을 만끽한다.

어느 날, 할아버지가 시드에게 넌지시 말한다. "너에게 꼭 해줄 말이 있단다. 할아버지는 혼자 여기에 남아야 할 것 같구나." 그러자 손자가 대답한다. "하지만 심심하지 않을까요?" "아니, 그럴 것 같진 않구나." 할아버지와 작별 인사를 한 시드는 모두의 배웅을 받으며 배 위에 올라 항해를 시작한다. 그리고 무사히 집으로 귀환한다.

다음 날 아침, 여느 때처럼 출입문 열고 마당을 가로질러 할아버지 댁으로 가보니 아무도 없다. 혹시나 해서 올라가 본 다락도 고요할 뿐. 할아버지는 어디에 계실까? 철제문은 왜 감쪽같이 사라진 거지?

즐거운 이별식을 해볼까요?

주인공 시드는 의젓하고 할아버지를 잘 따르는 아이인 것 같다. 그랬기에 다락방 문을 열자마자 펼쳐진 별세계를 겁내지 않고 할아버지와 함께 항해했다.

시드는 낯선 섬에 들어서자 할아버지와 같이 여러 가지 일을 즐겁게 했다. 섬에는 순하고 우호적인 동물들이 살고 있었고 먹거리는 풍족한 데다 날씨마저 환상적이었다. 세상에 다시 없을 파라다이스. 이상한 건, 이렇게 좋은 곳에서 손자와 함께 지내지 않고 자기만 남겠다고 하는 할아버지의 발언이다. 그 말에 놀라거나 의문을 품지 않는 시드의 태도도 마찬가지. 두 사람 다 무언가를 알고 있는 듯, 마음먹은 듯, 담담하고 차분하다. 대체 이곳은 어디인 걸까? 두 사람의 헤어짐은 무엇을 의미하는 걸까?

평소엔 별생각 없이 읽었던 그림책을 '삶과 죽음'이라는 프리즘으로 들여다보면 새삼 달리 읽힐 때가 있다. 늘 '웰다잉'을 염두에 두어서인지 나는 둘의 이별을 '할아버지의 죽음'과 연결했다. 그렇지만 강의 현장에서는 대놓고 말하지 못했다. 과잉 해석 아니냐는 반응이 돌아올까 봐서다. 게다가 이야기의 해석은 여러 갈래일 수 있는데 강사의 말이 참석자들에게 영향을 미칠까 조심스럽기도 했다.

그런데 한번은 이 그림책을 읽은 초등학교 3학년 아이가 "둘이 천국에 있었던 거잖아요. 할아버지가 자기 손자 데리고 거기 놀러 갔다가 혼자만 남은 거잖아요."라고 말해 깜짝 놀랐다. 그 이후 나는 어린이들에게 시드가 할아버지랑 지낸 곳이 어디였을 것 같냐고 묻곤 한다. 놀이동산, 새로 생긴 디즈니랜드, 할아버지가 로또 당첨돼서 산 무인도 등으로 대답이 다양했다. 어린이들의 상상력이란!

산티아고 길을 걸으며 우리 아버지가 손녀에게 보여주고 싶었던 건 뭐였을까? 함께하는 시간과 공간 속에 어떤 추억을 심어주고 싶었을까? 어쩌면 아버지는 그 시간을 온전히 즐기고 싶었던 건지도 모르겠다.

사랑하는 이와 아름다운 순간을 만끽할 수 있다면 그보다 좋은 것이 어디 있으랴. 소중한 순간을 차곡차곡 저장할 수 있다면 얼마나 행복하랴. 그럴 수만 있다면 다가올 헤어짐이 영 슬프기만 하진 않을 것이나. 기꺼이 웃으며 '굿바이'라고 말할 수 있을 것이다. 우리도 그럴 수 있으면 좋겠다. 사랑하는 사람과 '환상의 섬'을 체험하고 그 시간을 행복하게 추억할 수 있다면 참 좋겠다.

바람과 구름과 햇살의 노래를 들어봐

좋은 이야기에는 눈물과 웃음이 공존한다. 심각하고 진지하기만 하거나 아무 의미 없이 웃기기만 하는 서사에는 감동이 따르지 않는다. 그런 의미에서 〈인생은 아름다워〉는 나의 '인생 영화'라 할 만하다. 이탈리아의 유명 코미디언 로베르토 베니니가 연출·주연한 이 영화는 주제의 아름다움, 서사의 완결성 그리고 배우들의 진정성 있는 연기가 모두 돋보이는 작품이다.

주인공 '귀도'는 사랑하는 여인 '도라'와 결혼해 행복한 가정을 꾸리고 사랑스러운 아들 '조수아'를 얻는다. 하지만 이들의 행복은 오래 가지 않고, 나치의 무자비한 폭거로 어느 날 갑자기 유대인 강제수용소로 이송되고 만다. 귀도는 다섯 살배기 아들과 남자 수용소로, 도라는 여자 수용소로 분리되면서 가족은 생이별한다.

네가 행복할 수만 있다면

수용소의 하루하루는 그야말로 절박함의 연속이다. 수용자 모두가 언제, 어떻게 죽을지 모른다. 게다가 매 순간 극도의 공포 속에 살아가므로 한 줌의 웃음조차 제 것으로 할 수 없다.

이런 모진 상황에서 어느 누가 타인을 위해 곁을 내어주거나 선물을 건넬 수 있을까? 누가 감히 이 지옥 같은 순간을 견뎌내고 한 단계 높은 차원의 인간으로 스스로를 격상할 수 있을까? 하지만 상상도 할 수 없는 이 일을 귀도는 사랑하는 아들을 위해 해낸다.

아무것도 모르는 천진난만한 아들에게 그는 "이제부터 단체게임을 하는 거야. 잘해서 얼른 1,000점을 따야 해. 그럼 멋진 탱크를 선물로 받게 된단다."라고 말한다.

그날부터 귀도의 '웃픈' 연기가 시작된다. 지극히 절망적인 상황에서 즐거운 상황극을 펼쳐야 하는 아버지의 고군분투. 부서지고 찢기고 무너지고 고통받는 순간들이 매일 한 편의 희극이 되는 아이러니.

목숨이 다하는 순간까지 아버지가 연극을 멈추지 않은 덕분에 조수아는 살아남는다. 죽음의 문턱에서 기적적으로 생을 이어갈 수 있었던 건 오롯이 아버지의 노력과 희생 덕분이었다. 조수아는 아버지의 마지막 선물을 결코 잊을 수 없을 것이다.

할머니의 해야 할 일 목록
《할머니가 남긴 선물》

할머니 돼지와 손녀 돼지는 서로가 서로에게 유일한 가족이다. 둘은 손발이 척척 맞는 환상의 짝꿍으로 할머니가 집 안을 청소하면 손녀가 장작을 패고, 손녀가 차와 토스트로 아침상을 준비하면 할머니는 당근과 순무로 점심 식탁을 차려낸다. 저녁 식사는 항상 옥수수 귀리

《할머니가 남긴 선물》 마거릿 와일드 글·론 브룩스 그림

죽인데, 손녀는 그걸 물리도록 먹어 투정이 절로 나온다. 하지만 몸에 좋은 거니 "할미가 살아 있는 동안은 먹도록 해라."라는 말씀에 순종한다.

어느 날 아침, 할머니가 침대에서 일어나지 않는다. 기운이 없다면서 식사도 마다한다. 손녀는 혼자서 집안을 쓸고 닦지만, 불안한 마음을 억누를 길 없다. 억지로 휘파람을 불어보려고 할 때마다 "꾸울" 하는 쓸쓸한 소리만 새어 나올 뿐이다. 다음 날 침대에서 가까스로 일어난 할머니는 새 모이만큼 아침 식사를 하고는 모자 쓰고 지팡이 짚고 손녀더러 따라나서라고 말한다. "오늘은 할 일이 무척 많단다. 준비를 해야 해." 손녀는 묻지 않아도 그 '준비'라는 게 뭔지 안다. 마음이 슬퍼져서 울음이 북받쳐 오르려고 한다.

할머니는 손녀를 데리고 도서관에 가서 빌렸던 책을 반납하고 여기저기 걸쳐둔 외상을 모두 갚는다. 그러고는 남은 돈을 손녀 지갑에 넣어주며 현명하게 쓰라고 당부한다. 이어 잔치를 열고 싶다면서 손녀를 데리고 마을 이곳저곳을 거닐기 시작한다. 가옥이 모인 골목, 햇살에 반짝이는 나뭇잎, 하늘에 무리 지어 뜬 흰 구름, 연못에 비친 정자 그리고 싱그러운 바람과 잔물결이 이는 호수를 손녀와 함께 바라보고 느낀다. 새들이 재잘대는 소리와 따스한 흙냄새, 빗금을 그으며 내리는 비까지.

집에 돌아와 기진한 할머니를 침대에 눕히고 손녀는 옥수수 귀리죽을 쑤어 한 그릇 다 먹는다. 그러고는 할머니 방으로 들어가 불을 끄고 창문을 연다. 시원한 산들바람이 불어와 창에 드리운 커튼이 나부낀다. 손녀가 첼로를 켜기 시작하자 아름다운 음악에 화답하듯 노란 달빛이 방 안에 가득 찬다. 침대에 누운 할머니는 밤의 정경과 평화로운 분위기 속에 손녀를 바라보며 미소 짓는다. 연주를 마친 손녀는 침대에 올라가 할머니를 두 팔로 꼬옥 안는다. 어린 시절 자신이 나쁜 꿈을 꿀 때마다 할머니가 그랬던 것처럼.

당신의 행복만을 바랍니다

그림이 무척 아름답고 서정적인 작품이다. 함께 본 중년의 어른들은 색이 바랜 듯 표현된 수채화가 아련한 옛 추억을 떠올리게 한다고, 할머니와 손녀의 정다운 모습이 가슴을 뭉클하게 한다고 했다. 한 수강생은 두 인물이 연못가에 서 있는 장면을 한참 보더니, 일주일 뒤 수업에 그림을 그려 왔다. 스케치북에 수채화 대신 파스텔로 문질러 표현한 것이었다. 그걸 보고는 몇몇 분들이 "우와, 멋진데요. 나도 그려봐야겠다.", "난 할머니 떠난 뒤 하얀 새 날아가는 장면이 좋아요. 빈 배랑 정자도 있고, 하늘색도 바뀌고, 왠지 의미심장해."라고 말했다. 생각지도 않게 그림 그리기 열풍(?)이 불었다. 강사로서 얼마나 뿌듯하던지!

할머니 돼지와 손녀 돼지처럼 서로에게 유일무이한 존재란 건 어떤 걸까? 생을 살게 하는 존재 이유였던 사람과 이별하는 심정은 어떤 걸까? 이제 곧 먼 길 떠날 할머니가 홀로 남을 손녀를 생각하는 애틋한 마음이 장면마다 절절하게 읽힌다고 이 책을 본 사람들이 말했다.

할머니는 손녀에게 실로 많은 선물을 주었다. 하루도 빠짐없이 집안을 정갈하게 하고, 영양 가득한 식사를 준비하고, 사랑하는 사람과 일상을 나누는 것의 가치를 알려주었다. 마지막으로 동네 산책을 하면서는 아름다움이 가득 찬 세상을 향유하는 기쁨을 알려주었다. 꽃향기와 햇빛과 새소리와 구름 등 주위에 펼쳐진 축복을 놓치지 않는 지혜를 물려주었다. 아무나 줄 수 없는 귀하디 귀한 선물이었다.

물론 할머니만 선물을 건넨 것은 아니었다. 손녀는 자신이 할 수 있는 기특한 몸짓으로 화답했다. 우선 그리 좋아하지 않던 귀리죽을 쑤어 한 그릇을 다 먹었다(여러분에겐 이것이 어떤 의미로 읽히는지 궁금하다). 그러곤 어스레한 방안에 밤의 부드러운 바람과 은은한 달빛을 초대했다. 이어 첼로를 품에 안고 음악을 켰다. 조용히 가라앉은 대기를 한숨처럼 떠도는 음악은 밤 풀벌레 소리에 실려 할머니를 부드럽게 어루만져주고 작별의 예감으로 마음 아픈 손녀를 다독여주었을 것이다. 하루 동안 할머니가 보여준 반짝이고 경쾌한 세계가 이제 조용히 가라앉아 이별을 앞둔 둘을 가만가만 위무했다.

그러고 보면 영화 〈인생은 아름다워〉에도 음악이 나오는 감동적인 장면이 있다. 바로 영화의 중반부쯤 나오는 오펜바흐의 오페라 〈호프만의 이야기〉 중 '호프만의 뱃노래'다. 엄청난 처벌이 있으리라는 예상에도 귀도는 이 노래를 확성기에 대고 튼다. 이렇게 함으로써 그는 더 이상 만날 수 없을 아내에게 절절한 사랑을 고백한 것이다.

절망과 암울함만 가득한 죽음의 수용소에서 처자식을 살려낸 귀도의 선택, 덩그러니 혼자 남을 손녀를 위해 생의 마지막 의지를 끌어올렸던 할머니 돼지의 모성애 그리고 이제 홀로 길 떠날 할머니에게 '걱정하지 마세요. 전 잘 지낼게요' 하는 무언의 메시지를 전달했던 손녀 돼지의 마음 씀은 모두 지극한 사랑에서 나온 행동이 아니었을까? 내가 아니라 상대에게 필요한 것을 채워주는 순정한 배려가 아니었을까? 설령 그것이 거짓말이었을지라도, 그저 매일 반복하는 일상이었을지라도 혹은 작고 소박한 노래였을지라도 말이다.

"이 행복한 순간에서 아득히 먼 곳으로, 시간은 덧없이 흘러 돌아오지 않네."라고 탄식하는 '호프만의 뱃노래' 가사를 떠올려 본다. 물론 시간은 다시는 돌아올 수 없는 곳으로 흘러가 버리겠지만, 우리 마음속에 누군가와 함께한 순간의 추억은 영원하다. 사랑하고 사랑받은 기억은 우리 안에 깊이 각인되어 지워지지 않는다. 떠나는 자가 마지막으로 남긴 선물과 뒤에 남을 자가 건네는 이별의 선물은 미풍에 실려 대기를 떠돌며 영원히 아름다운 선율로 남을 것이다.

여러분은 그런 기억이 있는지 궁금하다. 혹시 있다면 그림으로 표현해 보는 게 어떨까? 마음에 드는 장면을 골라 자기만의 개성을 담아 표현하는 그림책 모사는 작품 속 이야기가 가슴 속 깊이 각인되는 매우 특별한 경험이 된다. 《할머니가 남긴 선물》의 한 장면을 모사하면서 여러분의 소중한 기억을 실어 보아도 좋겠다.

내가 너에게 해줄 수 있는 건

어린 시절의 기억이 모두 선명한 건 아니다. 사진이라도 찍은 듯 뇌리에 뚜렷이 남은 풍경도 있지만, 오래된 공책의 낙서처럼 빛바래고 귀퉁이가 달아난 자국도 있다. 나에게 후자에 속하는 기억 중 하나가 '동춘서커스단'이다.

동춘서커스단은 1925년에 처음 창설되어 1960~1970년대에 전성기를 이루었는데, 어린 마음에 나는 '동춘'이란 이름이 담배 냄새나는 아저씨 같다고 생각했다. 이름이 뭐 저래 하고 콧방귀를 뀌곤 했다. 그러면서도 공연은 꼭 한번 보고 싶었다. 큰 짐승이 작은 원통 위에 우뚝 올라서거나 사람들이 그네를 타고 공중에서 휙휙 날아다니는 걸 어느 극장의 '대한늬-우스'에서 보곤 더욱 그랬다.

아, 추억의 동춘서커스

1970년대 중반, 내 나이 일고여덟 살쯤 '전국 팔도를 순회하며 성황리에 공연 중'인 동춘네가 드디어 우리 동네로 온다고 했다. 나는 외삼촌인지 육촌 오빠 사돈의 팔촌인지 모를 30대 어른의 손을 잡고서 서커스를 구경하러 갔다. 입장표를 끊고는 세월의 더께가 앉은 꼬질꼬질한 천막을 들추고 안으로 들어갔다. 땅 위에 깔개도 없이 어설프게 설치한 천막이라 그대로 흙바닥이었던 것으로 기억한다. 웃통 벗은 차력사, 흰색 타이츠 입은 곡예사 그리고 곰과 코끼리가 등장해 저마다 신기한 묘기를 펼쳤다. 사람들이 와와 하고 탄성을 내지르는 와중에 나도 입을 딱 벌리고 그 희한한 광경을 보았다.

노인복지관에서 어르신들을 만나면 서커스단 이야기가 심심치 않게 나온다. 나와는 달리 어르신들의 기억은 꽤 선명하다. 공중그네며 인간 탑 쌓기, 저글링 따위를 본

게 지금도 눈앞에 생생하다고들 한다. 서커스 단원들이 외줄을 타다 떨어질 뻔해서 손에 땀을 쥐었던 기억도. 어느 어르신은 "젊을 적, 마누라가 죽을병이 들어 저세상 가기 전에 서커스를 귀경하고 싶다고 혀서" 함께 가보았던 이야기를 해주셨다. 깡촌 시골까지는 서커스단이 오지 않아 달구지 타고 경운기 타고 먼 시내까지 함께 외출했단다. 드디어 공연을 볼 수 있었고, 소원 풀이를 한 부인은 그로부터 보름 뒤에 세상을 떠났다고. 결국 그날 그 일이 아내에게 준 마지막 선물, "잊지 못할 연애"가 되었단다. 어르신은 지금도 아내가 그리우면 대부도에 있는 동춘서커스를 찾아가 혼자 공연을 관람한다고 했다.

너의 뒷모습이 말해주었지
《오리건의 여행》

벨기에 작가 라스칼(본명은 '파스칼 노테')과 루이 조스의 특별한 그림책《오리건의 여행》속 두 주인공도 서커스 단원이다. 그림책 판형이 꽤 큰데, 앞뒤 표지를 활짝

《오리건의 여행》 라스칼 글·루이 조스 그림

펼치면 드넓게 펼쳐진 밀밭이 한가득 눈에 들어온다. 허리춤까지 올라온 밀밭을 헤치고 앞으로 나아가는 두 존재가 있으니, 몸집이 커다란 곰과 곰의 무등을 탄 광대다. 참 생경한 조합. 이 작품은 표지부터 이렇게 강렬한 얼굴을 하고서 독자를 맞이한다.

이야기를 전하는 화자는 앞표지에 등장했던 빨간 코 광대 '듀크'다. 피츠버그의 '스타서커스단'에서 일하고 있다. 그가 무대에 오르기 전에 곰 '오리건'이 사람들 앞에서 바람을 잡는데 듀크는 그 모습을 붉은 막 뒤에 숨어서 보곤 한다. 어느 날 오리건이 "나를 커다란 숲속으로 데려가 줘."라고 말한다. 듀크는 어안이 벙벙해 오리건을 쳐다본다. 하지만 곧 그를 도와주기로 마음먹는다. 오리건의 뒷모습에서 무언가를 보았던 걸까?

둘은 서커스단에서 도망쳐 길을 나선다, 공장의 매연과 음습한 안개가 가득한 도시를 뒤로하고서. 무엇을 타고 어떻게 가야 할지 막막하지만 아랑곳하지 않는다. 시카고행 기차표와 오리건이 먹을 햄버거 삼백 개를 사자 여비가 바닥나지만, 듀크는 크게 개의치 않는다. 어느 날 길 위에서 트럭을 얻어 탄다. 운전사 스파이크는 그들을 아이오와주까지 데려다주며 "왜 아직 빨간 코에 분칠을 하고 있소? 이제 서커스 무대에 서지도 않는데." 하고 듀크에게 묻는다. "살에 붙어버려서요. 난쟁이로 사는 게 쉽지 않아요."

운전사와 헤어져 그들은 밀밭을 걷는다. 붉은 머리카락을 바람에 날리며 들판을 헤치고 앞으로 앞으로 나아간다. 우박이 내리면 맞고, 옥수수밭에서는 잔치를 벌이고, 보드라운 풀밭에서는 벌렁 누워 한숨 자기도 한다. 별빛 아래 이름 모를 꿈을 꾸고, 강물에 몸을 씻으면서 앞으로 앞으로…. 길 위에서 그들은 떠돌이 장사꾼과 여배우를 꿈꾸는 슈퍼마켓 직원과 인디언 추장을 만난다. 버려진 차 안에서 하룻밤을 나거나 기차 짐칸에 훌쩍 올라타기도 한다. 묵묵히 길을 가다 어느새 당도한 곳. 그곳은 어디였을까?

이젠 여한이 없어, 네가 행복하면 된 거야

그들이 당도하고자 한 곳은 '오리건Oregon'이다(지명과 곰의 이름이 같다). 미국의 서북부에 위치한 주다. 듀크와 오리건이 출발한 피츠버그는 동부에 위치한 도시이므로, 이들은 동쪽에서 서쪽으로 미국을 거의 횡단한 셈이다. 더구나 버스 타고, 남의 차에 편승하고, 버려진 자동차나 싸구려 모텔에서 밤을 지새운 여정이었다. 얼마나 고단했을까? 이렇게 둘은 길고 험한 여정을 묵묵히 함께했다. 듀크는 애초의 약속대로 오리건을 오리건에 데려다주었다Oregon in Oregon. 또는 Oregon in Oregon's Oregon. 임무 완수.

사실은 '임무'가 아니라 굳이 하지 않아도 되는 일이었다. 얼마든지 거절하고 외면할 수 있었는데, 도대체 듀크는 무슨 생각으로 선뜻 길을 나섰던 걸까? 서커스단의 동료라 하기에도 애매한 오리건을 위해 말이다. 일자리도 버리고, 도대체 왜? 오리건을 고향에 데려다주면서 듀크는 어쩌면 자기도 백설 공주를 만날 수 있을지 모르겠다고 생각한다. 혹시 그는 일곱 난쟁이 중 하나였을까? 기억도 아스라한 과거에 사랑한 백설 공주를 독 사과에 잃고 남몰래 눈물 훔치던? 어쩌다 보니 서커스단의 광대로 살고 있지만 언제든 고향으로 돌아가길 염원하는?

불쑥 부탁받은 오리건의 청, 미련 없는 길 떠남…. 어찌 보면 둘의 여정은 원래 있던 곳으로 돌아감, 본향으로의 회귀라 말할 수 있을 것이다. 자신들이 나고 자란 곳, 부모 형제와 함께 생활하고 뒹굴던 곳, 누군가를 애틋하게 사랑하고 또 떠나보냈던 기억이 있는 곳으로. 그들의 여행은 애초에 의도되거나 준비한 것은 아니었으나, 예기치 않은 상황과 만나고 여러 사람과 조우하면서 둘은 한 발 한 발 나아갔다.

이 그림책의 그림은 장면마다 짙은 페이소스를 풍긴다. 무대 위 오리건을 바라보는 듀크의 뒷모습, 고향으로 데려가달라는 오리건을 올려다보는 듀크의 망연한 표정, 광대답게 하얀 분칠을 하고 빨간 코를 단 얼굴 등. 상황에 따라 변화하는 인물의 감정을 담담하게 전달하고 있다. 처음으로 길 떠나는 장면에선 낮게 가라앉은 잿빛 하늘, 엄청난 소음과 매연, 비가 내려 젖은 도로 같은 도시의 살풍경함이 그들의 왜소한 모습과 대비된다. 싸구려 모텔 방 안에 털썩 주저앉아 여행의 고단함을 달래는 그들의 모습도 무척 짠하다.

그런가 하면, 밀밭을 가로지르는 장면은 정말 압권이다. 바람이 한 방향으로 부는지 밀 이삭이 모로 누워있고 듀크의 붉은 머리가 뒤로 날리고 있다. 빈센트 반 고흐의 그림 속 풍경처럼 바람에 일렁이며 춤추는 밀밭을 헤치고 그들이 간다. 둘의 시선은 앞쪽을 향해 뻗어 있다. 아직은 보이지 않는 그들만의 이상향을 향해 발걸음을 재촉한다. 이 그림책에 실린 아르튀르 랭보의 〈감각〉 시구처럼 그들은 "나는 가리라, 멀리 저 멀리, 방랑자처럼/ 자연 속으로, 연인과 가는 것처럼 행복하게" 갔다.

서커스를 보고 싶은 아내의 마지막 소원을 들어주었던 어르신은 그러고도 평생 아쉬웠다고 한다. 사랑하는 마음만큼 더 표현하고, 더 들어주고, 더 많은 시간을 함께하지 못한 것이 영영 가슴에 남았다고. 아내가 마지막 소원을 말했을 때야 아차 싶었단다. 맛난 음식, 보고픈 것, 함께 하고 싶은 일이 많았는데도 "살아생전, 더 귀 기울이고 마음 살펴주질 못했다."라며 못내 아쉬워하셨다.

누구나 마음만큼 사랑할 수 있는 건 아닌가 보다. 모두가 원하고 바라는 만큼 선물을 건넬 수 있는 것도 아닌가 보다. 함께 한 시간과 추억은 떠나가는 이의 마음에 한 줌 햇살을 선사하고 남은 자에게도 위안이 될 텐데 말이다. 혹여 우리가 그러지 못했을지라도, 그런 채로 시간이 흘러가 버렸다 해도, 너무 마음 아파하지 않았으면 좋겠다. 물어보지 못했던 말, 공중에서 흩어진 소원이었을지라도 언젠가는 알아줄 것이다. 언젠가는 알게 될 것이다. 우리가 서로에게 진실했다면. 우리가 서로의 뒷모습을 바라봐 준 적이 있었다면.

함께 보면 좋아요

《오른발, 왼발》(토미 드 파올라 글·그림)

날 때부터 할아버지 이름을 물려받고 첫걸음마도 할아버지의 손을 붙들고 배웠던 아이 '보비'가 뇌졸중으로 쓰러진 할아버지를 온 힘을 다해 돌보는 이야기. 그런 아이 모습이 기특하고 장하다. 누가 뭐라지 않아도 사랑은 되갚아지며 순환한다는 걸 엿볼 수 있다.

《할머니의 뜰에서》(조던 스콧 글·시드니 스미스 그림)

할머니는 자신의 생애에서 보고 듣고 체득한 것들과 그럼으로써 얻었던 삶의 지혜를 손주에게 아낌없이 전수한다. 조용한 눈길과 몸짓, 몸소 보여주는 행동으로 바람처럼 아이에게 다가간다. 아이는 그 바람을 껴안고 음미하며 할머니의 지혜를 엿볼 것이다. 할머니가 자신의 뜰에서 생명을 가꾸고 지키며 살아왔던 한 세월을 흠뻑 들이마시고 온몸으로 체화할 것이다.

《이게 정말 천국일까?》(요시타케 신스케 글·그림)

여생이 얼마 남지 않은 할아버지가 천국을 상상하며 적어 내린 글이 재미있는 그림과 함께 말을 건다. 사람이 죽어서 갈 곳이 그런 곳이라면, 우리가 가진 무서움은 저 멀리 달아나고 오히려 기대감이 생길 텐데. 유쾌 상쾌 발랄한 할아버지 만세! 이런 선물을 남기고 떠나시다니, 어르신 멋져요.

《아낌없이 주는 나무》(셸 실버스타인 글·그림)

잘 알려진 고전이지만 읽을 때마다 묵직한 감동이 밀려오는 작품. 나 아닌 다른 존재에게 스스로를 아낌없이, 남김없이 준다는 게 가능할까? 이 책은 '뼛속까지 이타적인 무조건적 사랑'에 대해 다시금 생각하게 한다.

《할머니의 팡도르》(안나마리아 고치 글·비올레타 로피즈 그림)

외딴집에서 홀로 살아가는 할머니는 하도 나이가 많아 죽음이 자기를 잊어버린 거라고 생각한다. 하지만 죽음은 먼 데 있지 않았다. 검은 그림자가 문을 두드리더니 자기랑 가자고 말한다. 하지만 할머니는 크리스마스 빵을 만들어야 한다며 기다려달라고 부탁한다. 달콤한 소를 맛본 사신은 일주일 뒤를 기약하곤 돌아가지만, 할머니는 반죽을 숙성하기 위해 하루가 더 필요하다. 할머니의 계속되는 간청에 무척이나 곤란해진 사신. 드디어 크리스마스 날, 모두가 기막히게 맛있는 팡도르(이탈리아의 크리스마스 케이크)를 맛본다. 드디어 할머니가 앞치마를 풀더니 이제 가자고 말한다. 레시피를 잘 숨겨 두었으니, 아이들에게 그 비밀이 전수될 거라면서. 할머니의 이야기는 과연 이대로 끝나는 걸까?

《너무 울지 말아라》(우치다 린타로 글·다카스 가즈미 그림)

할아버지의 잔잔한 목소리로 이야기가 시작된다. "너는 오늘도 여전히 기다리고 있구나. 내가 죽었다는 것을 아직 모르는지." 그림 속엔 노란 우비를 입은 작은 아이가 비 내리는 버스정류장 벤치에 오도카니 앉아 있다. 할아버지의 독백이 계속된다. 울어도 좋다고, 하지만 너무 울진 말라고. "내가 좋아한 너는 웃고 있는 너."라고. 둘도 없는 짝꿍이었던 할아버지를 잃고 슬픔에 잠길 손자에게 남기는 소중한 선물. 살아있는 동안 둘이 함께한 추억은 최고의 유산이다.

《그레구아르와 책방 할아버지》(마르크 로제 글)

'피키에' 할아버지는 '수레국화노인요양원'에 입소하며 장서 3천 권을 가지고 들어온 괴짜다. 그곳에서 그는 매사에 자신감이 없는 소년 '그레구아르'를 만난다. 그리고 책에는 아무 관심도 없는 그레구아르를 문학의 세계로 이끈다. "책은 우리를 타자에게로 인도하는 길이란다. 그리고 나 자신보다 더 가까운 타자는 없어서, 나 자신과 만나기 위해 책을 읽는 거야."라고 말하면서. 할아버지는 죽음을 앞두고 그레구아르에게 도보 여행을 부탁한다. 그 여행의 끝에는 무엇이 있었을까? 할아버지가 그레구아르에게 남긴 선물은 과연 무엇이었을까?

〈나의 문어 선생님(My Octopus Teacher)〉(피파 에리히&제임스 리드 감독, 크레이그 포스터 제작)

직업적 매너리즘에 빠진 한 다큐멘터리 감독(크레이그 포스터)은 남아프리카공화국 케이프반도의 '사이먼스 타운'으로 향한다. 그리고 대서양의 차가운 해류를 머금은 바닷속에서 한 마리의 문어와 조우한다. 그날부터 매일 계속되는 만남을 그는 카메라로 성실하게 기록한다. 한낱 미물이라 여겼던 한 생명의 삶과 노화, 죽음을 바라보며 감독은 새로운 깨달음을 얻는다. 영화를 끝까지 보면 그가 왜 문어더러 '선생님'이라고 했는지 수긍하게 된다.

4부

상실과 애도

생명체에게 죽음만큼 확실한 사건은 없다. 누군가 나보다 먼저 세상을 떠나면 나는 이별을 경험하고, 반대로 내가 세상을 떠나면 다른 누군가가 상실을 경험한다. 그러니 탄생과 죽음 사이, 한 생을 살면서 이별을 단 한 번도 겪지 않는 사람은 없다. 조부모와 부모를 여의고, 친구와 지인을 잃고, 함께 지내던 반려동물을 떠나보내는 것이다. 이 자명한 이치를 알면서도 내가 사랑하고 사랑받았던 누군가를 잃는 건 커다란 충격이다. 프랑스의 사회학자 블라디미르 장켈레비치는 자신의 저서《죽음에 대하여》에서 다음과 같이 말했다.

> "'일인칭 죽음'은 '나'의 죽음으로 경험할 수 없는 것이며 알 수 없는 것이다. '이인칭 죽음'은 나와 가까운 사람의 죽음으로 이인칭의 죽음으로 말미암아 비로소 죽음을 진지하게 생각하고, 나에게도 언젠가 다가올 사건으로 인식하기 시작한다. '삼인칭 죽음'은 나와 무관한 죽음, 사회적이고 인구통계학적인 죽음으로 죽음을 '나'의 것이 아닌 '타인'의 것으로 취급한다."

다시 말해 우리를 가장 아프게 하는 건 '의미 있는 타자' 중에서도 '나만의 당신'이었던 이인칭의 죽음이다.

그림책에도 상실의 이야기가 많다. 엄마를 잃거나 아끼던 대상을 도둑맞고 반려동물의 죽음을 경험한다. 이런 상실을 겪은 주인공은 멍한 상태가 되거나 현실을 부정한다. 하지만 시간이 지나면 자연스럽게 혹은 누군가의 정성 어린 도움으로 아픔에서 헤어 나오기도 한다. 건강한 애도를 통해 조금씩 일상을 회복하고 또 다른 관계로 들어가기도 한다.

여러분의 삶에도 상실이 있었다면, 소박하고 작은 활동을 해보면 어떨까? 혹시 엄마를 여의었다면 거울에 자신의 얼굴을 비춰보면서 떠올려볼 수 있고, 엄마가 즐겨 부르던 노래를 찾아 듣는 것도 좋겠다. 반려견을 잃었다면 함께 찍은 동영상을 찾아보거나 영상 편지를 만들어 남겨보자. 방 한켠에 추모의 벽을 만들어 그림과 편지 등을 붙여 보는 건 어떨지. 잘 애도하는 일은 꼭 필요하다.

창문을 닫을래요,
떠나지 말아요

내 또래는 부모님의 노화를 지켜보는 세대다. 혹은 부모님을 이미 여읜 세대이기도 하다. 그래서 지인들과 얘기를 나눌 때면 어르신 간병과 돌봄이 단골 주제가 된다. 국민건강보험공단에서 실시하는 '노인 장기 요양 등급' 신청 절차라든가 요양원, 요양병원 정보도 주고받는다. 친구 부모님 또는 시부모님 빈소에 조문을 가서는 장례 절차와 그 이후의 일들에 대해 귀를 기울이기도 한다.

하지만 부모를 잃는 일은 나이와 상관이 없어서 드물게는 청소년기나 더 어린 시절에 경험하기도 한다. 어린 나이에 그 일을 겪는다는 건 얼마나 가혹한가. 뿌리 깊은 아픔 혹은 그리움으로 남을 것이다. 사이가 좋았다면 좋은 대로, 소원했다면 소원한 대로. 천륜이란 그런 것이다. 엄마란 그런 존재다.

입 밖으로 꺼내지 말아야 할 단어 '엄마'

그림책을 다루는 강사의 특성상, 다양한 연령대의 사람들을 만난다. 어느 해인가는 봉사활동의 일환으로 청소년들을 집중적으로 만났다. 나는 매주 그림책을 읽어주고 이야기의 장을 펼쳐주면 되었다. 그 가운데 학교 밖 청소년들이 거주하는 교정공동체 '○○청소년센터'도 있었다.

"죄를 지은 청소년들입니다. 청소년의 죄에도 등급이 있는데, 소년원에 가기 직전 등급을 받은 아이들이에요. 이곳엔 여학생들만 거주하고 있습니다." 센터장의 말이었다. 그림책을 도구로 아이들의 인성교육과 의사소통에 도움을 주면 좋겠다고 했다.

처음 만난 아이들은 겉보기에 모두 해맑고 구김살이

없었다. 말간 얼굴들이 나를 보고 헤헤 웃었다. "선생님. 반가워요! 그림책은 처음이에요." 교실에 들어가자마자 손을 흔들고 환호성을 지르며 나를 맞이하는 소녀들이 예뻐 보였다. 시간이 흐르고 만남의 횟수가 거듭될수록 그들은 더욱 친근하게 다가왔다. 뭘 물어도 시큰둥한 대부분의 청소년과는 사뭇 다른 모습이 혹시 '교정'되고 '훈육'된 결과는 아닌지 의아하기도 했다. 아무튼 만날 때마다 교실이 늘 화기애애해서 좋았다.

그런데 '엄마'에 관한 그림책을 읽던 날엔 분위기가 이상했다. 전에 없이 고개를 푹 숙이고 조용히 훌쩍이는 아이들이 생겨났다. 일부는 부루퉁한 표정으로 종이 위에 애꿎은 낙서만 해댔다. 나는 영문을 몰라 어리둥절했다. 수업이 끝나자 몇몇은 아예 책상 위에 풀썩 엎드리는 게 아닌가. 한 아이가 다가오더니 나를 껴안으며 말했다. "선생님…, 엄마 얘긴 하지 마세요. 마음이 너무 아파요. 눈물이 나서 미칠 것 같단 말이에요. 엄마 돌아가신 애들도 몇 명 있고요."

순간 아득해졌다. 나도 모르게 아이들의 상처를 헤집었구나 싶어 몹시 당황했다. 엎드려 있는 한 아이의 책상 위로 낙서 같은 그림이 눈에 띄었다. 사인펜으로 조그맣게 그린 여성의 얼굴. 눈물이 흘러내리는 볼을 감싼 두 손. 이 사람이 누굴까. 혹시 이 아이의 엄마일까. 도대체 무슨 사연이 있는 거지?

귀 막고, 입 다물고, 꼭꼭 여며도 《무릎딱지》

어린이 방의 침대 한가운데 조그만 사내아이가 누워 있다. 무심한 얼굴로 천장에 매달린 비행기 모빌을 보고 있다. 아이 입에서 나온 충격적인 말, "엄마가 오늘 아침에 죽었다. 사실은 어젯밤이다." 아이 엄마는 어제까지 살아 있었다. 침대에 누운 채로 아들에게 사랑한다고 말했다. 하지만 더 이상 안아주지 못할 거라고, 영영 떠나게 될 거라고 했다. 아이는 화가 났다. 이렇게 빨리 갈 거면 뭐 하러 나를 낳았느냐고 소리쳤다. 잔뜩 성난 얼굴로 물건을 차버리고 바닥에 주저앉아 고개를 떨궜다.

하지만 오늘 아침엔 어디에도 엄마의 기척이 없다. 아빠는 무릎을 꿇고 아이와 눈높이를 맞추더니 이제 다 끝

《무릎딱지》 샤를로트 문드리크 글·올리비에 탈레크 그림

났다고, 엄만 저세상으로 떠났다고 말한다. 그렇지만 아이는 엄마가 여행을 간 게 아니라 죽고 말았다는 걸, 다시는 돌아오지 못한다는 걸 안다. 잘 가버렸다고, 속이 다 시원하다고 짐짓 큰소리를 친다. 떠나간 엄마가 정말이지 원망스럽다. 더구나 살림이라곤 아무것도 모르는, 손이 많이 가는 아빠를 보니 한숨만 나온다. 자꾸 우는 아빠가 보기 싫다.

며칠이 속절없이 흐른다. 아이는 잠도 자고 싶지 않고 배가 아프다. 무엇보다 싫은 건 엄마 냄새가 자꾸 사라지는 거다. 그래서 집 안 창문들을 꼭꼭 닫아건다. 엄마 목소리가 희미해지는 게 싫어 귀를 막고 입도 다문다.

어느 날 아이는 마당을 뛰어다니다 넘어져 다친다. 이내 무릎에 상처가 생기고 빨간 피가 흐른다. 어쩐지 엄마 목소리가 들려오는 듯하다. 아, 부드럽고 따스한 엄마 목소리! 아이는 이제 상처에 딱지가 앉기를 기다렸다가 손톱으로 뜯어낸다. 몹시 아프다. 하지만 괜찮다, 엄마 목소리를 또 들을 수 있으니.

서로의 상처를 알아본다면

페이지마다 온통 빨간색 천지다. 아이의 방도, 입고 있는 옷도, 앉아 있는 소파도, 식탁도, 할머니와 아빠가 입은 옷까지도…. 가장 두드러지게는 아이 무릎에서 흐르는 피도 선명한 빨강이다. 붉은색이 가진 의미가 뭘까? 이 그림책이 보여주는 빨강은 어떻게 등장인물들의 심정을 대변하고 있을까? 붉은색은 피고 아픔이고 울음인 동시에 연민, 사랑, 그리움이기도 하다. 훌쩍 떠난 엄마가 원망스럽지만 너무나 보고파 눈물이 난다. 엄마가 풍겼던 냄새, 다정한 목소리가 그리워 못 견디겠다. 그러니 아이가 뜯고 또 뜯었던 상처 딱지 아래 고인 빨간 핏물은 아이 내면에서 소용돌이치는 복합적인 감정을 대변한다.

청소년센터의 여학생이 그렸던 그림도 그런 붉은 그리움이었을 것이다. 그땐 차마 물어보지 못했지만, 삼 주 뒤 수업을 마치고 다가가 말했다. "마음이 많이 힘들었니? 혹시 선생님이 아픈 데를 건드렸다면 미안해." 어깨를 토닥이고 돌아서려는데 "저기요, 잠깐…." 그 애가 나를 불렀다. 주섬주섬 자기 노트를 펼치더니 그림을 보여주었다. "우리 엄마예요. 제가 센터에 입소하기 두 달 전에 돌아가셨어요. 폐암 말기. 담배도 피운 적 없는데, 바보같이!" 아이가 화를 냈다. "여기, 엄마 두 볼을 감싼 손은 내 손이에요. 내가 속 썩여서 엄마가 눈이 짓무르도록 울었거든요. 그놈의 암도 나 때문에 걸린 것 같고…. 이제 하늘나라에선 울지 말라고 눈물을 닦아주는 거예요." 나는 뭐라고 할 말이 없었다. 그랬구나. 그런 사연이 있었구나. 가슴이 아팠다. 쉽게 지워지지 않을 자책감, 돌아가신 엄마에 대한 회한과 그리움, 마음에 깊숙이 박힌 슬픔을 이 아이가 어떻게 안고 살아갈지 걱정이 되었다. '지금쯤 천국에 계실 거야. 널 지켜보고 계실 거야' 같은 뻔한 얘기는 하고 싶지 않았다. 그저 꽉 끌어안고 등을 쓸어주었을 뿐이다.

알베르 카뮈의 소설《이방인》의 도입부와 흡사하게 "엄마가 오늘 아침에 죽었다."로 시작하는 그림책의 첫 문장은 아이가 느끼는 충격과 어이없음, 어린아이로서는 도저히 이해할 수 없는 사건에 대한 거대한 물음표이자 분노의 표현이다. 우리 누구나 겪었거나 경험할 이별. 이미 시간 저편으로 물러난 그 일은 새삼 아프고, 앞으로 닥칠 일은 아득하다. 이별은 굳이 딱지를 떼어내지 않아도 잊을 만하면 피가 흐르는, 낫지 않은 상처이자 대책 없는 그리움일 것이다.

가족 사별의 경험이 있는 사람들을 위한 다양한 모임을 주관하는 단체▩에서 활동하는 한 수녀님은 "내 슬픔에 대해 실컷 이야기할 사람이 없고, 마음 놓고 울 데가

▩ 메리포터호스피스영성연구소, 마리아의작은자매회

없으며, 이제 그만하라고 위로 아닌 위로를 하는 사람들에게 마음을 다쳐 더 힘들다."라는 이야기를 많이 듣는다고 한다. 그래서 "당신은 혼자가 아닙니다. 당신은 외롭지 않습니다. 우리가 함께 있겠습니다."라고 끊임없이 다독여준단다. 슬픔과 고통은 육체적인 것뿐 아니라 심리적, 정서적, 사회적으로도 나타나고 무척 오래 지속되기에 잘 애도하도록 돕는 일이 정말 중요하단다.▒

열여섯 살 소녀를 끌어안아 토닥이는데, 갑자기 "야!" 하는 소리와 함께 우는 아이 등을 철썩 때리는 손길이 있었다. 그때 나한테 다가와 "수업에서 엄마 얘긴 하지 마세요."라고 말해줬던 그 아이였다. "언제까지 질질 짤래? 나 며칠 전에 손에 가시 박혀서 되게 아파. 시력 좋은 네가 얼른 빼 줘." 그러자 울던 아이가 눈물이 어룽진 얼굴을 들고 "어디? 여기?" 하고 들여다봤다. 자기들끼리 가시가 이미 빠졌네, 아니네 하며 깔깔대는 모습을 보니 슬며시 웃음이 나왔다. 그래, 인간이란 누구를 잠깐이라도 돌보며 자기 아픔을 잊기도 하는 거지. 그림책 속 소

▒ 《상실, 또 다른 이름의 치유》 메리포터호스피스영성연구소, 마리아의작은자매회

년이 슬픔에 겨운 아빠를 돌봐주려고 했듯이. 엄마 생각에 울다가도 친구 손바닥에서 가시를 빼주려고 하듯이.

사랑하는 사람과 이별하는 건 하늘이 무너지고 온 우주가 빛을 잃는 것과 같은 일이다. 오래도록 붉은 그리움으로 남을 일이다. 그러니 우리가 서로의 빨간 상처 딱지를 알아볼 수 있다면 좋겠다. 자꾸만 딱지를 떼어내려는 손을 붙들고 억지로 멈추게 하진 못하더라도, 꼭 안아서 등을 쓸어줄 수 있으면 좋겠다. 그러다 보면 어어 하는 사이에 딱지가 떨어지고 어느새 슬그머니 새살이 돋기도 할 것이다. 그날, 우는 아이의 등짝을 때린 친구는 여러모로 나보다 나았다.

꿈에도 잊지 못할 그립던 내 사랑아

나는 한때 시골 성당의 오르간 반주자였다. 주일미사 반주를 도맡고 가끔은 장례미사에서도 연주했다. 총 신자 수가 오백 명 남짓인 자그마한 성당엔 70~80대 어르신이 많았기에 팔자에도 없는 막내 노릇을 했다. 어르신들은 나를 볼 때마다 손 덥석 잡으며 "아고, 요런 참한 새댁이 우리 성당에 와주다니! 보물이여 보물."이라고 했다. 중년의 나이에 귀여움받는 즐거움이라니.

그중엔 인자한 표정의 할아버지와 자태 고운 할머니 부부가 계셨는데, 간간이 나를 당신네 집으로 초대하곤 했다. 집은 정갈했고 노부부는 원앙처럼 다정히 살림을 가꾸고 있었다. 손님이 왔다고 얼마나 정성 들여 상을 차리시는지, 간단한 다과상이라도 받기가 송구했다. 가을이면 직접 따고 말린 감과 차를 주셨고, 겨울엔 벽난로에서 갓 구운 고구마를 동치미와 함께 내주셨다. 찌는 듯한 한여름에 함께 앉아 쪼개 먹던 수박은 또 얼마나 달고 시원했는지.

님아, 그 강을 건너지 마오

두 어른의 평화로운 계절은 그리 오래 가지 않았다. 할머니가 유방암에 걸리고 만 것이다. 곧 항암을 시작했고 할머니는 용기를 잃지 않으려 애썼지만 상황을 견뎌내기가 쉽지 않았다. 많다면 많고, 아직 젊다면 젊은 나이인 70대 중반. 항암 횟수가 늘어나면서 할머니는 점점 기운이 빠졌다. 어느새 거무스레해진 얼굴은 이제 희망을 걸기엔 늦었다고 말하는 것 같았다. 암은 여기저기로 전이되어 온몸을 잠식했다.

할머니는 더 이상 주일미사에 참례할 수 없었고, 가끔

댁으로 찾아가면 침대에 누워 눈물이 그렁그렁한 눈으로 나를 올려다보았다. 추운 겨울인데도 "다른 건 다 싫고 시원한 수박이 먹고 싶어." 하셨다. 불로초 찾아 길 떠난 진시황의 부하처럼 어디라도 가서 수박을 구해오고 싶었지만, 할머니는 그 겨울을 나지 못하고 끝내 강을 건넜다.

성당에서 장례미사가 행해졌다. 나는 오르간 앞에 앉아 감정을 억누르고 미사곡을 연주했다. 노부부의 세 자녀가 상복을 입은 채 구슬피 울었고, 할아버지는 차마 울음을 토해내지도 못한 채 고개를 수그리고 어깨만 들썩였다. 그걸 보니 나도 눈물이 절로 흘렀다. 두 분과 함께했던 날들이 머릿속에서 주마등처럼 스쳐 지나갔다.

할아버지는 할머니 잃은 슬픔을 잘 이겨내는 듯했다. 사뭇 밝은 얼굴로 "그 사람, 좋은 데 갔을 거여. 전에는 하늘나라니 천국이니, 믿을 수 없었지만 이젠 믿어."라고 하셨다. 코로나가 한창일 때라 할아버지를 찾아뵙지 못하고 간간이 전화로 안부만 여쭸다. 그로부터 육 개월 뒤, 어르신은 심장마비로 쓰러져 그리운 짝꿍 곁으로 갔다. 천국에서 두 분이 만나, 할머니가 그렇게도 원하던 달고 시원한 수박 쪼개 먹고 계시려나. 도란도란 손잡고 옛이야기하고 계시려나.

꿈에도 잊지 못할, 잃어버린 너
《앙통의 완벽한 수박밭》

웃통을 벗은 건장한 남자 하나가 커다란 수박을 바라보며 흐뭇하게 웃고 있다. 수박은 무지무지 커서 남자의 스무 배는 되어 보인다. 수박 위에는 검은 고양이 하나가 올라가 있다. 제목을 보아하니 이 남자가 바로 '앙통'이며 크고 잘생긴 수박은 그의 것이겠다. 수박의 붉은 속살 같은 색깔의 면지를 지나 긴 수박 줄기를 따라서 책장을 넘겨본다.

"앙통의 수박밭은 완벽"했단다. "누군가 수박 한 통을 훔쳐 가기 전까지는." 아니나 다를까, 넓은 밭에 청록색 수박들이 좌우로 정렬해 있고 앙통은 땅이 움푹 꺼진 데 서서 고개를 떨구고 있다. 딱 그 자리만 비어 있다. 수박 한 통이 사라진 자리. 앙통은 몹시 슬프다. 그의 시선은

《앙통의 완벽한 수박밭》 코린 로브라 비탈리 글·마리옹 뒤발 그림

거기에만 머물러 떠날 줄 모른다.

앙통은 도둑맞은 수박이야말로 그 어떤 수박보다 아삭하고 달콤하고 맛있었을 거라고 생각한다. 앙통의 애석하고 원통한 마음은 꿈으로 이어진다. 도둑맞은 수박이 목화밭으로 데구루루 굴러가거나 생쥐들에게 와작와작 갉아 먹히고 있다. 어떤 밤의 꿈에는 남자 하나가 게걸스레 수박을 훔쳐먹고 있는데, 놀랍게도 그 사람은 앙통 자신이다.

꿈과 현실의 경계에서 끊임없이 고통받던 앙통은 급

기야 밭 가운데 의자를 놓고 앉는다. 꼼짝하지 않고 소중한 수박밭을 지킬 심산이다. 밤이 깊어지자 수박밭에는 들쥐, 애벌레, 나방, 박쥐 같은 야행성의 날것들이 드나든다. 그리고 수박의 달콤한 과즙을 제멋대로 흡입한다. 앙통의 눈꺼풀은 무거워지고, 날마다 이러고 앉아 수박밭을 지키거나 악몽을 꾸고 싶진 않다고 생각한다. 밤이 더 깊어지자 근처의 길고양이들이 이리저리 날뛰며 밭을 망쳐놓는다. 앙통의 완벽한 수박들은 볼링공처럼 솟구치고 땅으로 굴러 엉망진창이 된다.

믿을 수 없는 것을 믿어
닿을 수 없는 곳에 닿았기를

그림이 아주 특별한 작품이다. 색감이 풍부하고 질감도 다양한 데다 거의 모든 장면이 상징적이다. 하늘에 둥실 떠올라 붉은 수박 물을 떨구는 커다란 눈, 비현실적으로 크게 그려진 수박, 심심찮게 등장하는 검은 고양이, 엉망이 된 수박밭, 특히나 꿈속의 정경을 그린 장면은 인상적이다. 꿈답게 뜬금없고 아무런 맥락도 없다. 그림 속에서 어지러운 환영이 어떻게 펼쳐지고 또 주인공의 참담한 심정은 어떻게 표현되었는지 눈여겨보기를 바란다.

우리가 무언가를, 누군가를 소중히 여긴다는 건 어떤 걸까? 아마도 그것 없이는 살 수 없고, 그 사람과 함께하지 않는다면 뭐든 아무 의미가 없다는 뜻이 아닐까? 우리는 소중한 것을 가꾸고 지키기 위해 정성을 기울인다. 마치 엄마가 아이에게 그러는 것처럼, 정원사가 뜰에 핀 꽃을 돌보는 것처럼, 보석세공사가 원석을 다루는 것처럼 온 마음을 다해 사랑한다.

앙통에게 수박밭은 바로 그런 존재였다. 돌봐야 할 부모이고, 키워내야 할 자식이며, 오롯이 사랑하는 연인이자, 영원히 함께 할 친구였다. 넓디 너른 밭에 수박은 지천이었지만 한 덩이, 한 덩이가 모두 소중했다. 그래서였을까, 한 통의 수박이 사라졌을 때 그의 마음은 전부를 잃은 것마냥 한없이 무너져 내렸다. 그가 헤매며 찾아다닌 도둑맞은 수박의 존재감은 점점 커져서 탐스럽고 풍부한 과즙이 온 사방에 넘쳐흘렀다. 그 너른 수박밭의 수박 전체를 압도하고도 남았다.

성당의 할아버지 마음도 앙통 같았을까? 겉으로는 웃고 있지만 속마음은 외롭고 허전해 견디기 힘들었을까? 더 아껴주고 잘해주지 못해 못내 애달팠을까? 장성한 자녀 셋이 홀로된 아버지를 돌아가며 살폈어도 마음속의 허허로움은 달래기 힘들었을 것이다. 평생 함께 살아온 짝을 잃고 그 무엇으로 서글픈 마음을 대체할 수 있었으랴.

이야기의 뒤쪽에서 앙통의 수박밭은 그야말로 난장판이 된다. 질서 있게 누워있던 수박들은 모두 제자리를 이탈하고 고양이, 벌레, 나방, 토끼들이 들어와 제멋대로 뛰어논다. 이제 '완벽'이라곤 찾아볼 수 없다. 사정이 이런데 앙통의 마음은 어땠을까? 계속해서 잃어버린 한 통의 수박만 생각하고 있었을까? 다행히 이야기는 독자의 마음을 안심시키며 끝난다. 그가 어지러운 꿈속에서 헤어 나와 어떻게 다시 일상을 이어나가는지 그림책을 통해 직접 확인하기를 바란다.

상실과 이별은 어쩌면 숙명이다. 다만 중요한 건 소중한 존재를 떠나보내고 우리가 어떤 태도를 취할 것인가

이다. 작별을 어떻게 받아들이고 갈무리할 것인지, 앞으로는 어떻게 살아갈 것인지. 쉽지 않겠지만, 생각과 실제의 거리가 있겠지만, 그래도….

하늘나라, 극락, 차안과 피안 등의 종교적 개념은 믿기지 않는다던 할아버지는 사람이 살고 죽는 일은 그저 보이지 않는 운명에 의해 좌우될 뿐이라고 말하곤 했다. 그러나 나중엔 아내가 산 사람은 닿을 수 없는 좋은 곳에 갔을 거라며 "전에는 못 믿었던 걸 믿게 되었다."라고 했는데, 부디 그 말씀처럼 되었기를 바란다.

시차를 달리해서라도 두 분의 영혼이 '믿을 수 없는 것을 믿어 닿을 수 없는 곳에 닿았기를.'▩ 바로 그곳에서 서로에게 '잃어버린 수박'이었던 두 분이 다시 만나 행복하기를. 기도하는 마음으로 오르간 앞에 앉는다. 편안하고 따뜻한 노래 한 곡을 연주해 보련다.

▩ 이별과 죽음에 관한 또 다른 그림책을 읽고 한 수강생이 하셨던 말. 그분의 허락을 받아 쓴다.

드넓은 초원에 청아한 선율로 남은 너

학부에서 고전음악을, 석사과정에서 영어교육학을 전공한 이력 덕분에 가끔 통역을 의뢰받는다. 연주차 외국에서 내한한 음악 그룹이 우리나라 음악 단체와 소통이 필요한 경우다. 통역을 한 경험이 거의 없어 대부분 손사래를 치지만 가끔은 응해본다. 어느 정도 음악 용어에 익숙한 걸 위안 삼아, 연주자로 살던 시절의 옛 추억도 되새길 겸 말이다.

국립국악단과 협연한 몽골의 음악 그룹 이야기

몇 해 전엔 경상도의 한 국립국악단 일을 맡게 되었다. 국립국악단은 우리나라 전통 악기를 연주하는 악단으로 피리, 대금, 소금 등의 관악기와 해금, 가야금, 거문고 등의 현악기 그리고 다양한 타악기로 구성되어 있다. 그 국악단은 가끔 몽골의 전통악기 연주자가 초빙되어 협연하는 모양이었다. 그해에는 마두금, 야트가, 호미 연주자 셋이 한 팀으로 내한했다. 각자의 모국어 대신 우리는 영어로 어렵지 않게 소통할 수 있었다. 나는 그들이 협연하기로 예정된 경주 엑스포 무대가 열릴 때까지 모든 연습과 리허설의 통역, 자유시간에 근교의 역사문화 유적지로 안내하는 역할까지 도맡았다.

연주를 지켜보니 퍽 흥미로웠다. '마두금'은 몽골의 전통 현악기로, 왼손으로 악기 목을 감싸 지판(현악기에서 손가락으로 짚는 부분)을 누르고 오른손으로는 활을 잡아 줄을 켠다는 점에서 서양 현악기와 비슷하다. 몸통의 길이는 짧고 아담하며 현은 달랑 두 줄 뿐이지만 오묘한 소리를 낸다. '야트가'는 긴 몸체에 여러 개의 현이 걸쳐진 악기로 우리 가야금과 비슷한 모양이다. 두 대의 현악기가 주거니 받거니 몽골의 전통적인 노래를 연주했다. 그러다가 흐미 연주자가 끼어들곤 했는데, '흐미'란 한 사람이 동시에 두 개의 목소리를 내며 노래하는 몽골의 전통 배음 창법을 말한다. 무릇 사람의 성대가 두 개의 음역를 서로 다른 음색으로 동시에 노래한다는 건 있을 수 없는 일이지만, 흐미 연주자는 그 어려운 걸 해낸다. 다른 모든 소리를 뚫고 도드라지는 높은 고음과 고래 뱃속에서나 울릴 법한 묵직하고 어두운 저음을 동시에 내는 것이다.

바로 옆에 앉아 들으면서도 믿을 수 없었다. 나는 통역자의 본분을 잊고 그들의 연주에 넋을 놓았다. 연습실 안으로 몽골 초원의 바람이 불어오는 듯했다. 저 멀리 지평선에 기세 좋은 말들이 땅을 박차며 달리는 것 같았다. 흐미로 노래하던 가수는 자기 차례가 끝나자 덥수룩한 턱수염을 매만지며 나를 보고 웃었다. 불현듯 그들에게 읽어주고 싶은 그림책 한 권이 떠올랐다.

함께 초원을 달리던 널 영원히 기억할 거야

《수호의 하얀말》

표지 그림이 강렬하다. 빨간 전통 옷을 입은 남자가 새하얀 말을 가슴팍에 끌어안고 있다. 어딘지 결의에 찬 표정이다. 페이지를 넘기면 황토색 대지와 그 위로 걸린 예쁜 무지개가 한눈에 들어온다. 양, 소, 말로 보이는 가축 무리와 게르(몽골의 전통 집)도 있다. 그곳에 '수호'라는 양치기 소년이 살고 있다. 할머니와 단둘이 살아가는 단출한 삶에서 의젓하게 제 몫을 해내는 아이이다. 어느 날 수호는 초원에서 작은 망아지를 발견해 집으로 데려와선 정성껏 돌봐준다. 어느새 다 자란 하얀말을 수호는 사랑하고 아낀다.

어느 해 봄, 초원에 두런두런 소문이 퍼진다. 원님이 말타기 대회를 열어 우승자를 자신의 딸과 혼인시킨다는 것이다. 청년이 된 수호는 대회에 참가하기로 마음먹고 말 등에 올라 경기장으로 향한다. 대회가 시작되자 모두가 나는 듯이 말을 달린다. 바람을 가르며 땅을 박차는 말발굽 소리가 천지에 진동한다. 선두를 달리는 것은

《수호의 하얀말》 오츠카 유우조 글·아카바 수에키치 그림

단연코 수호와 수호의 하얀말. 그러나 수호를 보자마자 원님의 마음은 대번에 돌아선다. 가난한 양치기가 마음에 들지 않은 것이다. 부하들을 시켜 흠씬 두드려 패고는 말을 강제로 빼앗는다. 수호는 초주검이 되어 집으로 돌아온다. 할머니의 정성스러운 간호로 몸은 조금씩 회복되지만 하얀말에 대한 걱정으로 눈물이 마를 새 없다.

연회에서 등에 올라탄 원님을 내친 하얀말은 온몸에 화살을 맞는다. 그리고 피를 흘리며 수호의 집으로 돌아온다. 깜짝 놀란 수호가 말 등에서 화살을 뽑아내지만,

하얀말은 그만 숨을 거두고 만다. 그 몸뚱이를 부여안고 끝도 없이 울음을 토하는 수호. 며칠 뒤, 수호의 꿈속에 하얀말이 나타난다. 죽은 자기 육신에서 뼈와 가죽과 심줄과 털을 취해 악기로 만들라고 한다. 그러면 언제까지나 수호 곁에 있겠다고.

절망과 애도와 다시 살아감의 삼중주

실제로 마두금은 모양도 소리도 말을 닮았다. 현지어인 '머룽 호르Морин хуур, Morin Khuur'는 '말(머리) 악기'란 뜻으로 말꼬리 털을 꼬아 현을 만들고, 악기 목의 윗부분은 말머리 형상으로 조각한다. 그래서 이름이 마두금馬頭琴이다. 흉노 시대의 어떤 남자가 자신을 구해준 말을 추억하며 처음 만들었다고 전해진다.

마두금에는 금속이 쓰이지 않는다. 자연에서 얻은 재료만으로 악기를 만들고 음색을 빚는다. 자연이 어떻게 소리가 되고 음악이 되는지 보여주는 셈이다. 음색이 어찌나 구슬프고 청아한지, 그림책 속 이야기 그대로 말의 뼈와 살을 취해 만든 악기가 아닐까 싶었다. 마두금의 선율에 흐미 연주자까지 가세하니, 음악을 듣고 있는 나로서는 한 번 가보지도 않은 광대한 땅으로 순간 이동한 것 같았다.

수호에게 하얀말은 어떤 존재였을까? 온 마음을 다해 사랑을 쏟아부은 대상, 아무리 주고 또 주어도 아깝지 않은 친구, 존재 자체로 기쁨의 원천인 그 무엇이었을 것이다. 이처럼 하나의 존재는 누군가에게 삶을 살아가게 하는 절절하고 뜨거운 동력이 된다. 그러니 하얀말을 잃은 소년은 얼마나 애달프고 처절했을까. 그림책을 보는 독자도 덩달아 눈시울이 붉어진다.

몽골 연주자 세 사람은 티베트 불교 신자라며 한국의 사원을 보고 싶다고 했다. 연습을 마친 뒤에 그들과 팔공산 동화사에 방문했다. 세 사람은 석탑과 주변 산세를 주의 깊게 보더니 대웅전에 들어가 절을 했다. 그중 흐미 연주자가 불상 앞에 엎드리더니 쉬이 일어나지 못하고 어깨를 들썩였다. 무언가 사연이 있는 성싶었다.

얼마간의 시간이 흐른 뒤 밖으로 나온 그가 내게 조용히 말했다, 자신에게 두 명의 아내가 있었고 둘 다 세상을 떠났노라고. 정확히 십 년 터울을 두고 비극이 일어났다고 했다. 그들은 모두 부처님을 섬기며 한평생을 산 고귀한 성품의 여인들이었고, 그는 그녀들을 지극히 사랑했단다. 곁에 서 있던 야트가 연주자가 사정을 아는 듯 시선을 돌바닥에 둔 채 가만히 고개를 끄덕였다. 웬일인지 그 옆에서 마두금 연주자도 울기 시작했다. 그에게도 사연이 있는 걸까?

동시에 두 개의 음색을 내는 흐미 연주자의 목소리가 달리 들릴 것 같았다. 격렬한 고음과 묵직하게 가라앉은 저음, 거기에 마두금의 소리까지 합세하면 나는 이제 수호의 이야기뿐 아니라 이들의 생의 아픔까지 떠올리게 될 것이었다.

누구의 삶인들 아픔이 없으랴. 생과 사에 얽힌 기막힌 드라마가 어찌 음소거될 수 있으랴. 그러니 슬픔을 토해내야 한다. 가슴 속에 그득한 사랑과 이별의 이야기를 나만의 선율과 곡조에 담아 노래하고, 춤사위로 드러내고, 그림으로 그려내야 한다. 어떤 형태로든 세상에 표출해야 한다. 그래야 비로소 다시 생을 이어갈 수 있다.

몽골 연주자들은 국악단과 함께 엑스포에서 실로 멋

진 연주를 선보였다. 몽골의 전통음악은 국악과 한데 잘 어우러졌다. 현장에 모인 사람들이 우레와 같은 박수를 보냈다. 그때 나는 순정한 미소가 떠오른 호미 연주자와 기쁨으로 반짝이는 마두금 연주자의 얼굴을 보았다. 세 사람의 연주자들은 각자 가슴에 품은 생의 이야기를 저마다의 감성과 선율로 토해내곤 흡족해하는 것 같았다.

내게도 아직 노래가 되지 않은 슬픔이 있다. 머릿속 기억의 한구석에 밀쳐 놓았지만 언젠가는 끄집어내 연주해야 할 멜로디가 있다. 그때 나는 악기 목의 끄트머리에 어떤 형상을 새기게 될까? 수호에겐 하얀말이고 내게는 다른 어떤 것일 그 무엇. 여러분도 자기만의 악기에 무엇을 새길 것인지, 악기를 손에 쥐고 연주하면 어떤 소리와 선율이 흘러나올지 상상해 보면 좋겠다.

천막이 쳐진 행사장 어디선가 시원한 바람이 불어왔다. 여러 개의 하얀 천막들이 바람에 화답하듯 수런거렸다. 다시금 커다란 무지개가 걸린 광활한 초원의 환영이 다가왔다.

희미해지는 너,
그러나 단단한 기억으로 여문 우리

어릴 적 아파트에 살면서 강아지 한 번 키워보겠다고 엄마를 꽤나 졸라댔다. 자발적으로 착한 어린이가 되겠다고 약속하고선 생후 1개월된 강아지를 데려왔다. 졸랑졸랑 뛰어와 품에 안기는 강아지 덕분에 매일 행복했다. 녀석은 사료를 먹고 하루가 다르게 부쩍부쩍 자랐다. '앙앙'거리던 소리는 '웡웡'이 되더니 이윽고 '컹컹'이 되었다. 낯설었지만, 변화를 받아들이기로 했다. 나중엔 두툼해진 녀석의 등허리에 머리를 베고 눕기도 했다.

그러다 드디어 올 것이 오고야 말았다. 더는 좁은 아파트에서 키우지 못하게 된 것이다. 이웃에 끼칠 피해를 언급하며 부모님은 시골 친척 집에 보내겠다고 선언했다. 몇 날 며칠 대성통곡을 하곤 그토록 사랑하던 강아지와 이별했다. 내 열 살 인생에 가장 충격적이고 마음 아픈 사건이었다. 후에 몇 마리를 더 길렀지만 나의 첫 강아지와 같지 않았다.

고속도로 위의 소리 없는 절규

십여 년 전 어느 날, 경부고속도로 하행선을 달리고 있었다. 앞서가던 자동차가 심하게 휘청거리더니 하얀색 덩어리 같은 것이 차창 바깥으로 휙 튕겨 나오는 게 보였다. 차가 '끼이익' 소리를 내며 급정거했고 그 바람에 빙그르르 몇 바퀴를 돌았다. 옆 차선의 차들이 다급하게 핸들을 트는 게 눈에 들어왔다. 나도 본능적으로 핸들을 꺾어 두 개 차선을 넘어갔다. 가슴이 두방망이질 쳤다.

사고 차량을 지나치며 고개를 돌렸더니 놀라운 일이 벌어져 있었다. 흰색 대형견이 도로 한가운데 널브러져 있고 중년 남녀 두 사람이 부랴부랴 차에서 내리고 있었다. 아까 차에서 튕겨 나온 것이 바로 이 개인가? 차가 갈지자를 그릴 때 튕긴 것인지, 하필 그때 창문이 활짝 열려 있었던 건지. 개 주인으로 보이는 두 사람은 혼비백산한 얼굴이었다. 개의 이름을 목청껏 부르며 달려가는 그들이 풍경 뒤로 사라졌다. 뒤에 오는 차들 때문에 나도 마냥 서행할 수는 없었다.

그날의 광경이 오래도록 잊히지 않았다. 작은 강아지도 아니고 대형견이 어떡하다 그렇게 됐을까? 다른 차에 받혔으니 죽었을까, 크게 다쳤을까? 주인이 받을 충격은…. 차창 너머로 음소거된 그들의 아우성이 들려오는 듯했다. 개가 살아있기를 기도했다.

어떻게 널 보내란 말이야 《이젠 안녕》

아빠와 함께 사는 소년 '해리'는 귀여운 강아지를 만난다. 메뚜기처럼 폴짝폴짝 뛰는 강아지에게 해리는 '호퍼Hopper'라는 이름을 지어준다. 둘은 단박에 좋은 짝꿍이 된다. 마당에서 함께 뛰놀고 무엇이든 함께 한다. 해리는

《이젠 안녕》 마거릿 와일드 글·프레야 블랙우드 그림

아빠 몰래 밤마다 호퍼를 자기 침대로 데려와 재우고, 그래서 밤에도 쓸쓸하지 않다. 서로를 바라보는 해리와 호퍼의 두 눈이 장난기와 기쁨으로 반짝반짝 빛난다.

어느 날 해리가 학교에서 돌아오니 호퍼가 보이지 않는다. 달려와서 멍멍 짖고 반기는 호퍼는 어디로 간 걸까? 현관 계단에 앉아 아들을 기다리고 있던 아빠가 청천벽력 같은 소식을 전한다. "정말 미안하구나. 사고였단다. 호퍼는 죽었어." 해리는 외마디 비명을 지른다. "거짓말!"

해리는 호퍼를 땅에 묻기 전에 작별 인사를 하지 않겠냐는 아빠의 제안을 거절한다. 친구들에게도 개의 죽음에 대해 말하지 않는다. 학교에도 가지 않고 TV 화면만 뚫어져라 쳐다본다. 아빠는 호퍼 없는 침대에서 홀로 자고 싶어 하지 않을 아들을 위해 거실 소파에 잠자리를 마련해 준다. 해리는 웅크리고 누워 호퍼의 부드러운 감촉과 냄새, 반갑게 컹컹 짖는 소리를 생각한다,

며칠이 지났을까. 한밤중에 해리는 어떤 소리를 듣고 잠에서 깬다. 창밖을 보니 폴짝폴짝 뛰고 있는 호퍼! 해리는 한달음에 밖으로 뛰어나가 소리친다. "호퍼! 돌아왔구나!" 둘은 서로를 꼭 껴안고 해후의 기쁨을 나눈다. 달빛이 환한 마당에서 신나게 달리며 논다.

슬픔에 물들인 가슴은 쉬이 낫지 않으니

크로키로 표현된 그림이 생동감 있다. 조그마한 강아지의 명랑한 움직임이 그대로 느껴진다. 연필 선을 그대로 살려 질감이 풍부하고, 부드러운 색감이 마음을 편안

하게 한다. 인물 표현도 눈에 띈다. 서로 교감하는 눈빛, 표정이 사라진 텅 빈 얼굴, 쓸쓸한 뒷모습 등. 카메라 앵글을 조정하듯 대상을 눈높이에서, 위에서 아래로, 아래에서 위로 다양하게 보여주는 방식도 좋다.

반려동물과의 이야기를 다룬 그림책이 많다. 어린이들이 강아지나 고양이와 함께 지내며 돈독한 정을 나누기 때문일 것이다. 그들은 항상 곁에 있으면서 아이들의 순수한 마음에 변함없이 화답한다. 물론 반려동물에게서 위안을 얻거나 삶의 보람을 찾는 어른도 적지 않지만.

문제는 아이든 어른이든 언젠가는 반려동물과 헤어져야 한다는 사실이다. 동물도 당연히 생을 다하면 죽음을 맞이하고, 사람만큼이나 그 경우의 수가 많고 다양하다. 나이가 들어 노환이 생기거나 질병에 걸릴 수도 있고, 가끔은 내가 목격한 고속도로 위의 개처럼 사고사하기도 한다. 무엇이 되었든 인간보다 수명이 짧은 반려동물의 죽음은 커다란 슬픔을 뒤에 남긴다. 사랑하는 동물을 떠나보낸 이는 가족이나 친구를 잃은 것과 똑같은 상실감을 느끼게 되는 것이다.

해리도 감정의 기복을 겪었다. 호퍼가 죽었다는 아빠

의 말에 "거짓말!"이라며 상황을 부정했다. 그러고는 말문을 닫았다. 학교에 가지도, 누구와 슬픔을 나누지도 않고 텔레비전 화면만 멍하니 바라보았다. 어린 해리가 자기 분노를 표출하는 방식이었다.

해리처럼 아이들도 죽음을 경험한다. 이별이 무엇인지도 모르는 나이에 죽음이라는 생경한 것을 맞닥뜨린다. 깨끗하고 순수한 어린이의 마음은 깊은 사랑을 쏟아부었던 대상이었을수록 큰 충격을 받는다. 아예 마음 문을 닫고 빗장을 걸기도 한다.

많은 그림책에서 어린이 주인공이 주로 사이가 각별했던 조부모와 이별하거나 아끼던 동물과 헤어진다. 그리고 채 건네지 못한 말, 온전히 나누지 못한 행복은 떠난 사람(또는 반려동물)이 다시 돌아와 재회함으로써 만회될 기회를 얻는다. 해리가 호퍼를 다시 만난 것 또한 그랬다. 해리는 꿈속인지 상상인지 모를 세상에서 호퍼와 꿈같은 며칠을 함께 지냈다. 달빛 환한 마당에서 함께 달리고 소리치며 노는 사이에 해리 마음속에 가득 고였던 슬픔은 어느 정도 경감되었을 것이다.

이제 호퍼와 진짜 이별을 한다 해도 첫 번째와 똑같은

방식으로 감정을 표출하진 않을 것이었다. 예전처럼 침대에 누워 서로를 바라보는 해리와 호퍼의 눈이 한없이 맑다. 비로소 '이젠 안녕'이라고 말할 수 있으려나.

시골 친척 집에 입양 보낸 강아지는 그 뒤로 만난 적이 없다. 눈 깜짝할 새에 성견이 되고, 새끼를 여러 마리 낳고, 어느 날 죽었을 것이다. 이제는 더 이상 개를 키우지 않지만, 가끔 옛 추억을 떠올리며 강아지를 그리워한다. 사람과 동물의 관계는 어쩌면 사람과 사람의 관계보다 더 순정한 게 아닐지.

여러분에게도 반려동물이 있다면 어떤 식으로든 이별을 경험했을지도 모른다. 혹은 앞으로 겪게 되거나. 그때엔 모쪼록 아픔보다는 흐뭇한 추억으로 과거를 돌아볼 수 있기를 바란다. 함께했던 시간을 떠올리며 입가에 미소 지을 수 있기를.

나는 웃을 때마다
엄마 얼굴이 된다

위의 제목은 작가 이슬아의 책《나는 울 때마다 엄마 얼굴이 된다》를 차용한 것이다. 사실 나는 아버지의 외모를 많이 닮아서 웃든 울든 그 표정에서 엄마가 재깍 연상되진 않는다. 그렇지만 그 외에는 흡사한 게 많은지, 고모나 삼촌과 통화하면 "넌 어쩜 네 엄마 목소리를 똑같이 빼닮았니?" 하는 말을 듣는다. 말의 억양, 높낮이, 특정 단어의 사용도 비슷해 누가 엄마이고 딸인지 분간이 안 간다고들 한다. 얼굴도 어딘지 모르게 점점 비슷해진다고도. 그런가? 어쩌면 개별 단위로서의 이목구비가 아니라 얼굴이 지닌 독특한 아우라나 전체적인 느낌이 닮았을 수도 있다. 아무래도 엄마와 딸이니까.

다른 듯 닮은 모녀 삼대

그런가 하면 나와 내 딸도 꼭 빼닮았다고는 할 수 없다. 나는 좀 길쭉하고 재미없게 생겼고, 딸은 동그라면서 이목구비가 오밀조밀해 귀여운 상이다. 이 애는 오히려 외할머니를 많이 닮았다. 아기 적에 울 엄마가 데리고 밖에 나가면 사람들이 "늦둥이예요?"하고 물었단다(그 당시의 엄마는 젊어 보였다). 나는 하나뿐인 딸이 나와 많이 닮지 않아 서운하다고만 생각했다.

첫 손주를 무척 사랑한 내 부모님은 이 아이를 데리고 외출했다가 거리의 화가가 있으면 초상화를 그리게 하곤 했다. 그리하여 지금도 세 살 무렵의 아기 적 모습이 화폭에 남아 있고, 대여섯 살 무렵에 그린 초상화도 있다. 당시에는 전혀 몰랐는데, 지금 보면 내 어릴 적 모습과 흡사하다. 아이의 세 살 얼굴은 그 얼굴대로, 여섯 살 얼굴은 또 그것대로 얼핏 나를 연상시킨다. 부모님 또한

"누가 봐도 딱 네 딸이다." 하신다. 그런가? 어쩌면 개별 단위로서의 이목구비가 아니라 얼굴이 지닌 독특한 아우라나 전체적 느낌이 닮았을 수도 있다. 아무래도 엄마와 딸이니까.

공원에서 마주친 그녀 《엄마의 얼굴》

어느 집 거실 바닥에 갈래머리 여자아이가 앉아 있다. 소녀는 목에 빨간색 땡땡이 무늬 스카프를 두르고 커다란 안경을 쓴 채 낡은 타자기로 글자를 치고 있다. 주변엔 초록색 구두, 낡은 전화기, 찻잔 등이 널려 있다. 오른쪽으로 시선을 옮기면 상자에 걸터앉은 개구리 인형, 소파 위의 책더미, 벽난로 따위가 보인다. 그런데 시선의 끝, 어두운 방 안에 한 남자가 앉아 있다. 표정은 잘 보이지 않지만 어깨가 축 처졌고 눈빛은 망연하다.

소녀의 이름은 '셔본'. 아일랜드 더블린에서 아버지와 함께 살아간다. 세 살 때 엄마를 여의었다. 아빠는 조용한 사람으로 늘 슬픈 표정이고 외톨이다. 그리고 딸에게

《엄마의 얼굴》 로디 도일 글·프레야 블랙우드 그림

아내 이야기를 절대 하지 않는다. 이제 열 살이 된 셔본은 엄마 얼굴을 전혀 기억하지 못한다. 집을 구석구석 뒤지면 오래된 책이며 스카프며 신발 따위를 찾을 수 있지만 그뿐, 엄마의 사진은 한 장도 찾을 수 없다.

엄마 얼굴이 떠오르지 않는 건 좀 이상한 일이다. 왜냐하면 엄마에 관한 다른 것, 가령 셔본의 머리를 쓰다듬던 손길이라든가 과일을 깎고 운전을 하고 양말을 추스르던 손의 형태, 노래를 부르거나 썰렁한 농담을 하던 목소리는 모두 생생하기 때문이다. 마치 종이 인형의 얼굴을 잘라낸 것처럼 유독 얼굴만이 안개 속에 가려져 있다. 그래서 셔본은 슬프다. 엄마가 자꾸만 자신에게서 멀어져 가는 것만 같다.

어느 날, 셔본은 공원의 마로니에 나무 아래 앉는다. 어린 자신을 번쩍 안아 들고 나뭇가지에서 열매를 따도록 했던 엄마가 생각난다. "큰 걸 따렴!" 하고 외치던 엄마 목소리. 그때 누군가가 인사를 건넨다. 셔본처럼 밤색 머리와 눈을 가진 여자 어른이다.

그녀는 셔본 옆에 주저앉더니 왜 슬픈 표정을 하고 있느냐고 묻는다. 셔본은 저도 모르게 엄마의 죽음에 대해, 지금도 생생한 엄마의 손과 도저히 기억나지 않는 얼굴에 관해 이야기한다. 여인은 가만히 듣더니 "거울을 들여다보렴." 하고 말한다. 누군가의 모습이 보일 거라면서. 아빠한테 전하라며 뭐라고 귓속말도 한다. 그러고는 "우린 곧 다시 만날 거란다."라는 말을 남기곤 떠나간다. 알쏭달쏭하지만 어딘지 마음이 푸근해지는 만남. 셔본은 자기 목에 맨 스카프처럼 빨간색 땡땡이 무늬 헤어밴드를 한 그녀가 싫지 않다.

닮은 옷 차려입고, 닮은 얼굴을 하고

이 그림책을 보여주면 하나같이 "그림이 참 예뻐요."라고 한다. 연필로 그리고 수채화 물감 등으로 채색한 그림은 색감도 아름답거니와 구도가 다양해 좋다. 영화의 장면을 보는 듯 다채롭다. 그뿐 아니라 인물의 얼굴에 표정이 그대로 드러나서 그들의 정서에 깊이 공감할 수 있다. 그림 속에 숨겨진 힌트를 하나하나 찾아보는 재미도 있다.

딸이 어렸을 땐 소위 '시밀러 룩'을 시도하곤 했다. 모녀가 비슷한 옷을 입는 건 아이보다는 엄마에게 즐거운 일이다. 주로 줄무늬 원피스나 독특한 무늬가 있는 티셔츠 같은 걸 맞춰 입었다. 그렇게 하고 외출한 날이면 콧노래가 절로 나왔다. 딸과의 일체감도 한층 깊어지는 것 같았다. 얼굴이 많이 닮지 않은 걸 그런 식으로 보상했던 걸까? 갓 서른에 들어선 여자와 아장아장 걷는 아기는 비슷한 옷을 입고 바람에 머리를 나부끼며 거리를 쏘다녔다.

그런데 엄마와는 그런 기억이 없다. 그저 멋쟁이 엄마

의 취향에 감탄한 십 대의 내가 엄마의 화려한 스카프를 두르거나 치마를 빌려 입고 외출한 적이 있었을 뿐. 삼십 대에 들어서는 엄마 것과 비슷한 옷이나 장신구를 사곤 했다. 엄마가 좋아하는 건 나도 좋았고, 엄마가 흥미없어 하는 건 나도 시들했다. 어느새 취향과 기호가 닮아버린 걸까?

그림책 속에선 엄마의 이른 죽음으로 일찍 헤어진 모녀 사이를 잇는 일종의 '끈'으로서 비슷한 의복들이 등장한다. 셔본이 목에 두른 땡땡이 무늬 스카프는 그녀 엄마가 입던 치마의 무늬와 같다. 빨간 원피스와 빨간 타이츠가 서로 연결되고, 초록색 치마와 구두, 블라우스가 매칭된다. 하지만 독자가 셔본보다 먼저 눈치를 채게 될 뿐, 정작 주인공은 삼십 세가 되던 날 거울 속에서 자기와 꼭 닮은 누군가를 발견하게 되기까지 일의 전모를 알지 못한다.

사실 모녀들은 사이가 좋든 나쁘든, 긴 세월을 함께했든 그렇지 않든, 말 한마디 없이도 서로 교감한다. 보이지 않는 끈으로 연결된 듯 엄마 마음이 딸의 마음이고, 딸의 생각이 엄마 생각일 때가 자주 있다.

엄마에 관한 그림책을 읽다 보면 이런 모녀의 유사성에 대한 이야기가 참여자들 사이에 꼭 나온다. 혹자는 그런 닮음 때문에 오히려 더 힘들다고 토로한다. 어쨌든 '엄마'는 우리의 영원한 테마이기에 이야기를 나누는 중에 어김없이 눈물이 터진다. 이미 이별을 겪은 사람은 겪은 대로, 작별을 앞둔 사람은 앞둔 대로 마음 아파한다.

나도 언제가 될지 모를 엄마와의 이별을 생각한다. 인생에서 맑은 날만 지속되거나 구름 한 점 없는 파란 하늘만 내내 펼쳐지는 건 아닐 테니 말이다. 또한 변함없이 한 방향으로만 흘러가거나 가만히 고인 채로 미동도 없는, 잔잔한 강물이나 호수 같은 인간관계도 없을 것이다. 모든 것은 변화하고 역동한다. 흘러가다 막히고, 잔물결이다가 격랑이 되고, 어느 날엔 바닥 맑게 비추다가 홀떡 뒤집혀 흙탕물이 되기도 할 터. 특히 노년의 부모님을 둔 중년의 아들딸들은 이런 '비 오고 바람 불고 파도가 높아지는' 때를 두려워한다. 하지만 어쩌랴, 우리 힘으로 어쩔 수 없는 것을. 다만 그런 순간이 되도록 늦게 오기를 바랄 뿐. 너무 격한 물살은 아니기를 기도할 뿐.

엄마, 딸 그리고 나. 세 모녀가 함께 찍은 사진을 들여다본다. 서로의 얼굴에 서로가 담겨 있다. 우리는 어쩌면 울고 웃을 때마다 엄마 얼굴이 되고 딸의 모습이 될 것이다. 비슷한 표정으로 생의 희로애락을 마주하고 서로 닮은 몸짓으로 사람과 상황에 반응할 것이다. 세월이 가면 엄마들이 떠나고, 뒤에 남은 딸들은 엄마를 추억하며 울고 또 웃을 것이다. 그리고 거울 앞에 서서 제 모습을 비춰보기도 할 것이다. 아무쪼록 웃는 표정이 더 닮았기를. 내 딸이 행복한 순간에 거울을 마주하면 그 안에서 제 할머니와 엄마를 발견할 수 있기를 바랄 뿐이다.

여러분도 거울에 얼굴을 비춰보면 좋겠다. 누구의 얼굴이 보이는지, 누가 떠오르는지 이야기 나눠볼 수 있을까?

함께 보면 좋아요

《철사 코끼리》(고정순 글·그림)

'잊어야 한다는 마음으로 오늘도 울고 있을 사람들에게' 작가가 책의 앞부분에 적은 헌사다. 소년 '데헷'과 코끼리 '얌얌'의 우정을 그린 작품. 얌얌이 죽자 데헷은 그를 잊지 못한다. 철사를 모으기 시작하더니 그것으로 얌얌의 형상을 만든다. 그러고는 어딜 가든 가지고 다닌다. 이런 데헷에게 아무도 가까이 다가오지 않는다. 사랑하는 친구의 대체물을 만들어 위로받고자 했던 데헷의 마음이 읽혀 짠한 작품. 읽고 나면 구슬프면서도 아름다운 종소리가 귓전에 들려오는 듯하다.

《마음이 아플까봐》(올리버 제퍼스 글·그림)

할아버지가 세상을 떠났다. 할아버지의 안락의자는 이제 텅 비어버렸다. 손녀는 너무나 슬퍼서 자기 가슴을 열어 심장을 꺼내곤 유리병에 넣는다. 세상에 대한 호기심을 잃어버린 채, 이제 무엇을 해도 행복하지 않다. 어느새 여인이 된 주인공은 바닷가를 거닐다 어린 시절의 자기를 빼닮은, 질문 많은 소녀를 만난다. 이젠 심장을 꺼내고 싶은데 어떻게 해도 유리병이 깨지지 않는다. 문제를 해결한 건 놀랍게도 어린 소녀였다.

《사샤의 돌》(에런 베커 그림)

'사샤'는 소녀가 애지중지하는 개의 이름이다. 어느 날 사샤가 죽는다. 소녀는 가족과 함께 사샤의 무덤을 만들고 그 위에 꽃 한 송이를 바친다. 그리고 가족과 함께 간 바닷가 캠핑장에서 바닷물 속에 어른대며 비치는 금빛 돌을 주워 든다. 소녀가 돌을 힘껏 던지는 순간, 금빛 돌은 시공간을 초월해 저 먼 데로 날아가 온 우주를 여행한다. 그러다 다시 돌아와 어딘가에 얹힌다. 글 없는 그림책으로, 한 장면씩 찬찬히 뜯어볼수록 보이는 게 많다.

《안녕, 모그!》(주디스 커 글·그림)

고양이 모그는 몸도 마음도 너무 지쳐 영원히 자고 싶다. 모그가 죽자 온 가족이 슬피 운다. 모그의 영혼은 그 모습을 하늘에서 지켜보다 가족들 곁으로 찾아오지만, 아무도 그 존재를 알아채지 못한다. 어느 날 새로운 아기 고양이가 집에 오는데…. 1970년부터 30년이 넘도록 전 세계 어린이들에게 사랑받는 주디스 커의 '고양이 모그' 시리즈 중 마지막 이야기이다.

《노란 달이 뜰 거야》(전주영 글·그림)

"오늘도 아빠는 오지 않고, 나는 나비를 그려요." 소녀의 내레이션으로 이야기가 시작된다. 아빠는 어디 계시기에 오지 않는 걸까? 소녀가 그린 나비가 날아가고 소녀는 나비 뒤를 쫓는다. 나비의 날갯짓을 따라 언덕으로 오르는 와중에 소녀 아빠의 음성이 끼어든다. 아빠는 딸과 두런두런 이야기를 나누고 두 사람은 언덕 꼭대기로 향한다. 언덕 위엔 크고 환한 보름달이 떠 있다. 소녀가 잠에서 깬 방 안에 달빛이 가득하다. 이 이야기가 세월호 희생자와 그 유가족들에게 바쳐진 작품이란 걸 알고 나면 아, 하고 숨을 토하게 된다. 사회적 비극의 현장에서조차 소외되었던 이들의 존재를 환기하기에 더욱 의미 있는 작품.

《아툭》(미샤 다미안 글·요셉 빌콘 그림)

에스키모 마을의 소년 '아툭'에겐 무엇과도 바꿀 수 없는 친구가 있다. 다섯 살 때 아빠가 선물해 주신 썰매 개 '타룩'이다. 어느 날 바다사자 사냥에 참여했던 타룩이 늑대에게 물려 죽고 만다. 사냥 실력을 갈고닦은 아툭은 늑대를 활로 쏘아 죽인다. 하지만 그는 행복하지 않다. 그런다 해도 타룩은 돌아오지 않는 것이다. 척박한 땅에 핀 가냘픈 꽃송이 앞에 서서 행복하냐고 묻는 아툭에게 꽃은 친구가 필요하다고 답한다. 어느 하나의 대상에 대한 사랑과 또 다른 대상에 대한 증오는 한 몸이며, 용서하는 마음이야말로 그 모든 무거운 굴레에서 자유로워질 수 있음을 알려주는 그림책. 삶과 죽음이 서로 마주 보고 있다는 새삼스러운 사실도 환기한다.

〈울고 있는 젊은이(Youth Mourning)〉(조지 클로젠 그림)

바라보기만 해도 마음이 아리는 그림. 땅에 엎드려 흐느끼는 그녀의 슬픔에 압도되어 덩달아 울고 싶어진다. 화가의 딸은 제1차 세계대전 중 약혼자를 잃었다. 차가운 대지 위에 웅크린 희디흰 육체는 어두컴컴한 바다와 낮게 가라앉은 대자연 앞에 무척 연약하다. 누군가를 잃는 것, 사랑하는 사람을 황망히 떠나보내는 것. 자연의 질서를 따를 수밖에 없는 인간의 운명은 알지만 인간인 이상, 인간이니까 상실의 아픔에 이토록 아프다.

〈현악 5중주 다장조〉(프란츠 슈베르트 작곡)

작곡가 슈베르트가 죽기 몇 주 전에 작곡한 곡. 마치 이 세상에 작별을 고

하는 그의 육성 같다. 감상자는 음악에서 슬픔을 느끼게 되지만, 음악이 건네는 이야기에 귀 기울여보면 그 안에 깃든 평화와 고요를 느낄 수 있다. 독일의 지휘자 페터 귈케는 이 곡을 듣고 “머무르고 싶은 것과 계속 나아가야 하는 것 사이의 긴장”이라고 언급했다. 우리가 이별을 경험할 때 마주하는 양가감정이 이것일까?

5부

삶과 죽음의 여러 얼굴

죽음에 대해 생각할 때 이별, 상실, 애도, 사후생 등 실로 많은 것이 떠오른다. 하지만 이게 다는 아니다. 삶과 죽음은 동전의 양면 같은 것이기에 죽음의 이야기에는 반드시 인생의 서사도 함께 담긴다. 나이 듦에 대한 이야기 또한 빠지지 않는다. '웰다잉'은 '웰빙Well-being'과 '웰에이징'과 축을 같이 하며 많은 질문과 대답을 공유한다. 웰다잉이 의미하는 바대로 '좋은 죽음, 바람직한 죽음'을 맞이하려면 그만큼 잘 살고 제대로 나이 먹어야 한다.

이런 삶과 죽음의 이야기에서 소외되어도 좋을 대상은 없다. 어린이는 생명의 소중함에 대해 알아야 하며 청소년은 개별자로서의 우리가 얼마나 소중한 존재인지 깨달아야 한다. 패기 넘치는 청년도, 삶의 '오춘기'를 겪는 중년도 각자 선 자리를 자각하고 나를 돌아볼 수 있으면 좋다. 생의 오랜 이야기를 간직한 노년은 과거를 긍정하고 좋은 죽음에 대해 고민해 볼 수 있으리라.

또한 연령대의 구분을 넘어 자살, 안락사, 고독사, 사회적 죽음에 대한 굵직한 고민을 함께 나눌 필요도 있다. 더 나아가서는 자연의 질서와 섭리는 어떤 것인지, 우리 시대 죽음의 풍경은 왜 이리도 흡사한지, 현대의 장례문화가 이대로 좋은지도 새삼 고찰해 볼 수 있다.

이제 그림책 속 다양한 인물과 이야기를 만나기 전, 몇 가지 활동을 시도해 보자. A4용지 한 장을 3면으로 접고 간단한 사진이나 그림, 간략한 설명을 곁들이면 '병풍 자서전'을 만들 수 있다(접은 모양이 병풍 같다고 해서 붙여진 이름이다). 나의 장례식에 누구를 초대할 것인지 리스트를 만들고 초대장의 문구를 직접 작성해 보는 것도 좋다.

그림과 글에 담는 인생 이야기

최근 몇 년간 여기저기서 자서전 쓰기 열풍이 불었다. 도서관은 물론이고 노인대학, 복지관, 장애인복지센터, 청소년센터 등에서 프로그램을 기획하고 강사를 찾았다. 자서전은 나이 드신 분들의 인생 회고록이라는 고정관념을 깨고 모든 연령대에서 이러한 글쓰기가 필요하다는 인식에서였을 것이다. 지난 시절을 회고하고 앞날을 설계하며 준비한다는 점에서 웰다잉과 긴밀히 연결되니 더욱 좋은 일이다.

나 또한 강의 의뢰를 받고 여러 방식으로 프로그램을 운영했다. 참여자로 만난 분들도 다양했다. 어르신들과의 만남이 가장 잦았고 중장년층이나 청소년들과도 함께했다. 교도소 재소자나 장애인을 대상으로 워크숍 형태의 수업을 진행하기도 했다. 문화체육관광부와 한국문화예술위원회, 한국도서관협회가 주관하는 〈길 위의 인문학〉 사업에도 활발히 참여하는 중이다. 물론 나는 그림책 강사이므로 '그림책 자서전'으로 진행한다. 글과 그림으로 나만의 이야기를 빚어내는 고유함과 효율성에 대해 말하면서 긴 여정을 시작한다. 그러면 처음에는 겁을 내던 참여자들도 주춤주춤 발을 떼고 수줍게 이야기를 시작한다.

내가 살아온 얘기 풀어놓으면 책으로 몇 권

책을 만든다는 게 쉬울 리 없다. 프로그램이 시작되고 2, 3차시까지는 "괜히 신청했나 봐요. 못 하겠어요.", "잊었던 과거를 돌아보려니 괴롭네요. 이제라도 포기할까?" 하는 사람들이 속출한다. 어떤 주제를 잡아 얘기를 시작해야 할지 모르겠다, 글솜씨가 엉망이다, 도저히 그림을 못 그리겠다며 푸념한다. 그래서 프로그램 초반엔 "해낼 수 있어요! 해내야 해요!" 하고 참여자들의 용기를 북돋는 데 주력한다. 물론 무작정 과거를 돌아보라고 할 수는 없는 일이니, 활동지와 보조자료를 적절히 이용하거나 도움이 될 만한 그림책을 몇 권 읽어드린다.

그런데 작업이 시작되면, 다음엔 할 말이 너무나 많아진다. "작정하고 얘기하려니 책 몇 권 족히 나오겠어요. 어떻게 줄이지?"라고 한다. 그러면 나는 그림책의 언어는 함축적이어야 하며 하고 싶은 이야기를 그림에도 나눠 주어야 한다고 당부한다. 내 이럴 줄 알았다. 봇물이 터질 줄 알았다니까. 하긴 누군들 자기 삶의 서사를 짧고 간결하게 전할 수 있을까? 굽이굽이 사연도 많고 갈피갈피 드라마도 적잖은 게 우리 인생인데.

15~16주 이상으로 진행하는 경우는 완성도 있는 작품이 여럿 나온다. 시간의 문제만은 아니겠지만 그만큼 긴 호흡으로 차근차근 준비하고 공을 들이니 결과도 좋은 것이다. 정식 출판은 아니어도 책으로 만들어진 작품을 보며 모두 흡족한 얼굴이 된다. 이후에 작품을 도서관 로비나 복지관 복도에 전시할 때면 나도 기쁨과 보람으로 가

슴이 뻐근하다. 이제 '작가'가 된 참여자들은 다음엔 어떤 작품을 만들까 궁리하기 시작한다.

늬들이 인생을 알아?
《우리가 글을 몰랐지 인생을 몰랐나》

제목이 당당하다. 큰 제목 아래에는 '여든 앞에 글과 그림을 배운 순천 할머니들의 그림일기'라는 부제가 붙어 있다. 가난 때문에 혹은 여자라서 글 배울 시기를 놓친 할머니들이 뒤늦게나마 세상에 대고 살아온 이야기를 외친다. '구십을 바라보는 나이에 초등학생이 되었습니다', '엄지발가락이 멋있어서 결혼했습니다', '남편과 자식들 때문에 편한 날이 없었습니다' 한 분 한 분의 이야기 주제만 보아도 얼른 읽고 싶어진다.

소박한 그림 옆에는 이름은 무엇이고 나이는 몇이고 어디에서 태어나 별명이 뭐였으며 잘하는 음식과 제일 부러운 사람은 누구누구라는 할머니들의 소개 글이 쓰여 있다. 모두 재미있다. 신랑 얼굴은 혼례식 날 절하다

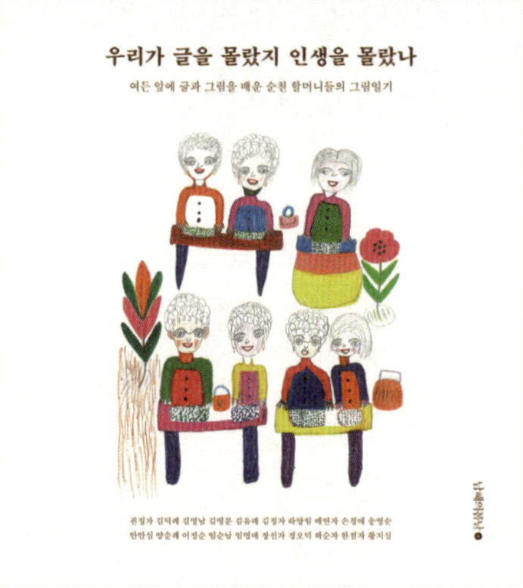

《우리가 글을 몰랐지 인생을 몰랐나》 권정자 외 글·그림

가 처음 봤고, 시어머니 구박에 힘든 세월 살아왔단 이야기가 펼쳐진다. 아이들 키운 사연, 남편의 바람, 어릴 적 꿈 이야기, 시아버지 치매 수발, 전쟁을 겪은 이야기, 행복했던 순간 등 끝도 없이 이어진다. 정제되고 세련된 언어가 아니라 꾸미지 않은 진솔한 말들이 독자의 마음에 그대로 가닿는다.

그분들이 자신의 인생 이야기를 풀도록 글, 그림을 지도한 김순자 선생과 김중석 작가는 "할머니들은 인생을 모르는 것이 아니었고 하나를 알면 열 가지를 실천하는 재능과 지혜로움을 가지고 살아오신 분들이었다.", "하나하나가 대하소설이고 이야기 창고였다. (…) 자신의 삶을 성실히 살아온 할머니들은 이야기를 담고 있었고 그 이야기를 풀어낼 장을 기다리고 있었다."라고 말한다. 순천 그림책도서관에서 시작된 프로젝트는 소장본으로 엮어졌다가 '그려보니 솔찬히 좋구만'이라는 제목의 전시회로 이어졌고, 언론에 대서특필되더니 단행본으로 출간되었다.

여러분의 이야기를 들려주세요

자서전은 '자신의 일생을 소재로 스스로 적거나 남에게 구술하여 대신 쓰게 한 전기'이다. 생애와 활동을 직접 적은 기록이며 지난 삶의 중요한 사건을 담는다.

자서전에는 몇 가지 특징이 있다. 자신의 삶을 소재로 하며 쓰인 시점부터 과거로 소급해 삶의 전반을 서술한다. 저자, 화자, 주인공이 동일하며 분량과 형식에 제약이 없다. 자서전의 주제는 인생의 전환점이 되었던 사건,

가족과 친구, 고난과 역경, 신념과 가치관 등으로 다양하다. 단순히 기억과 회상에만 의존하기엔 한계가 있으므로 일기, 사진과 메모, 편지나 카드 등 과거를 돌아보기에 도움 되는 것은 모두 활용할 수 있다.

청소년의 경우에는 자서전에 과거의 일뿐 아니라 미래에 대한 인생 설계도 적어넣는다. 아무래도 살아온 날보다는 살아갈 날이 많기 때문이다. 그런가 하면, 어르신들의 자서전은 자녀나 손주 등 후대에 남겨지는 성격이 강하므로 본인의 의지에 따라 유언장을 곁들이거나 '사전연명의료의향서'▒ 혹은 '장기기증 희망등록'▒▒ 서류를 첨부하기도 한다. 무엇보다 세상을 떠나기 전에 꼭 이루고 싶은 '버킷리스트'를 즐거운 마음으로 적어넣기도 한다.

교도소 재소자들과 그림책 자서전을 만든 적이 있었다. 아무래도 내가 잘 알지 못하는 이야기, 다소 어둡고

▒ 19세 이상인 누구나 자신이 임종 과정에 있는 환자가 되었을 때를 대비하여 자신의 연명의료를 시행하지 않거나 중단하기로 하는 결정 및 호스피스에 관한 의사를 문서로 작성한 것. 보건복지부의 지정을 받은 등록기관을 방문하여 충분한 설명을 듣고 작성해야 한다.

▒▒ 질병과 사고 등 다양한 이유로 인해 장기 기능을 소실한 환자들에게 세상을 떠나게 될 때 장기를 기증하겠다는 의향서.

무거운 과거의 고백(또는 변명)이 나올 것 같아서 나도 모르게 긴장이 되었다. 그럴 땐 어떻게 반응해야 하나 걱정했지만, 그들은 대부분 환하고 다정한 추억을 불러냈다. 그리고 순한 그림과 재치 있는 문장으로 표현하였다. 물론 프로그램이 진행되는 내내 팔짱을 끼고 있거나 매서운 눈으로 노려보는 사람도 있었다. 하지만 대부분은 잘 따라와 주었다. 6회의 짧은 여정이라 그럴듯한 책의 형태로 만들지는 못하고 브로슈어 같은 작은 책자 안에 그들의 인생 이야기를 담았다. 진솔하고 따뜻한 이야기, 유머와 눈물이 담긴 이야기를 환경의 제약 때문에 사진 찍거나 자세한 기록으로 남기지 못해 아쉽다.

복지관이나 경로당에선 할머니들은 시댁에서 구박받은 사연과 아픈 남편 뒷바라지한 것, 고생고생하며 자식들 키운 이야기를 많이 하고, 할아버지들은 한평생 식구들 먹여 살리느라 허리가 휜 것, 고단함을 달래느라 과음하고 간이 상한 이야기를 주로 한다. 그래도 이야기의 끄트머리에는 한결같이 "요새가 제일 좋다. 아들딸 모두 독립해 잘살고 있으니, 나만 건강하면 걱정 없다.", "몸 아프기 전까지만 살고 싶다."라고들 하신다.

누구의 이야기든 소중하다. 글쓴이의 신념과 가치관, 삶의 철학이 담기고 특유의 정서가 흐른다. 때로는 좋은 죽음, 존엄한 죽음에 대한 고민도 엿보인다. 그간 안아주지 못했던 자신을 토닥이고, 용서하지 못했던 이를 미움의 굴레에서 풀어주기도 한다. 그런가 하면 스스로 자기 인생을 스토리텔링 하면서 지난날을 회고하고 앞날을 설계하기도 한다. 훌륭한 명사나 저명한 학자가 쓴 것이 아닌, 평범한 우리가 적어 내려간 '민중 자서전'이다.

순천 할머니들의 글과 그림을 보고 나면 가슴이 움찔하면서 "나도 써볼까?" 하는 생각이 절로 들지 모른다. 자기 가슴 속 바람과 의지를 들여다보고, 풀어내고픈 이야기를 어떻게 나열할지 생각하고, 간결한 문장과 소박한 그림으로 표현하는 나만의 자서전.

그 속엔 이제껏 겪어온 희로애락과 삶의 굴곡이 담길 것이다. 가족과 사랑하는 이들과 빚었던 시간의 역사가 새겨질 것이다. 그러면 조각조각 흩어졌던 자투리 천들이 하나의 조각보로 꿰이는 것처럼 새삼스러운 자기 발견이 일어나기도 한다. 여러분도 써보고 싶지 않은가?

인생이란
고인 물이 아니란다

어릴 때부터 불꽃놀이를 좋아했다. 펑펑 소리를 내며 터졌다가 수 초 만에 스러지는 광경이 신기해 시간 가는 줄 모르고 밤하늘을 쳐다보곤 했다. 어릴 적 아빠 손에 이끌려 보았던 불꽃놀이는 딸이 태어나자 조손간의 즐거운 의식이 되었고, 이제는 장성한 딸이 날 데리고 현장에 간다.

지난해 함께 다녀온 불꽃놀이는 그중에서도 압권이었다. 로맨틱한 음악과 하늘을 수놓는 불꽃이 늦가을 정취에 실리자 꿈결 같은 시간이 펼쳐졌다. 입을 딱 벌리고 올려다보면서 순식간에 사그라드는 불꽃이 아깝다고 생각했다. 딸과의 행복한 시간이 흘러가지 않고 이대로 멈추었으면 하고 바랐다. 순간을 박제하지 못해 안타까운 시간. 딸이 내 손을 잡더니 다정하게 웃었다. 눈물이 그렁그렁한 나보다 훨씬 의젓해 보였다. 어느새 이렇게 어른이 다 됐지?

8월 한여름의 해프닝

어린아이가 슈퍼마켓이나 길거리에서 제가 원하는 걸 얻지 못해 기를 쓰고 울거나 바닥을 구르는 모습을 가끔 본다. 부모들은 얼마나 난감할까? 다행히도 내 딸은 보채는 아이가 아니었다. 뭘 무리하게 가지려 한다거나 막무가내로 울며 '땡깡'을 피우지도 않았다. 덕분에 엄마 노릇이 어느 정도 수월했지만, 그 시기는 오래가지 않았다. 아이가 사춘기에 들어서자마자 상황이 달라졌다. 어릴 때 순했던 만큼이나 자기주장이 강한 십 대 청소년으로 탈바꿈한 것이다. 무슨 말을 해도 잘 듣지 않고, 스스로 수긍할 수 없는 일은 여간해선 받아들이지 않았다.

한번은 이탈리아 로마로 가족 여행을 떠난 적이 있다. 가톨릭 신자인 우리는 바티칸 시국의 성베드로대성당에서 미사를 드렸다. 천상의 노래 같은 미사곡이 울려 퍼지고 스테인드글라스가 햇살에 반사되어 성전 바닥에 다채로운 무늬를 그리고 있었다. 꿈결처럼 아름답고 비현실적인 순간이었다. 미사가 끝나자 더 많은 여행객이 성당 안으로 밀려들었다. 나는 카메라를 들고 성전 여기저기를 누비며 촬영했다. 성전 보호를 위해 촬영을 잠시 중단하라는 장내 방송이 들려왔다. 하지만 나는 한순간도 놓치지 않겠다는 일념으로 계속 셔터를 눌렀다.

그때였다. 딸이 갑자기 "엄마, 그만해!" 하고 날카롭게 외치며 나를 제지했다. 하지만 나는 들은 척도 하지 않고 하던 일을 계속했다. 시간이 흐른 뒤 언뜻 정신을 차리고 보니, 딸이 보이지 않았다. 대성당의 육중한 문을 밀고 밖으로 나왔다. 성당 앞 광장에는 족히 수만 명은 되는 여행객이 인산인해를 이루고 있었다. 딸은 어디에도 보이지 않았다. 아, 어떡하지? 얘가 사라져 버렸네. 이 엄청난 인파 속에서 어떻게 찾지? 등줄기에 식은땀이 흘렀다. 푹푹 찌게 더운 한여름 8월, 갑자기 멀미가 치받치고 머리가 핑 돌면서 어지러웠다.

변검술의 일인자, 바로 너
《내 이름은 자가주》

행복한 신혼 커플인 '조지'와 '벨라'에게 어느 날 난데없이 커다란 소포가 도착한다. 꾸러미를 열어보니 그 안에는 놀랍게도 분홍빛 갓난아기! 목에는 '자가주'라는 이름표도 달려 있다. 신의 선물이라고 생각했을까? 두 사람은 소중한 아기를 품에 안고 애지중지 키운다.

하지만 생각지도 못한 일들이 벌어진다. 자고 일어나면 아이가 대머리독수리가 되어있질 않나, 코끼리로 변신하질 않나, 멧돼지로 몸을 바꾸질 않나, 못된 용이 되질 않나. '트랜스포머'라도 된 양 날마다 몸을 바꾸며 집안을 난장판으로 뒤집어놓는다. 부부의 일상이 엉망진창이 된 건 두말하면 잔소리.

그러던 어느 날, 아이는 털북숭이 생명체로 모습을 바꾼다. 산만 한 덩치에 구부정한 자세가 마치 먼 과거에서

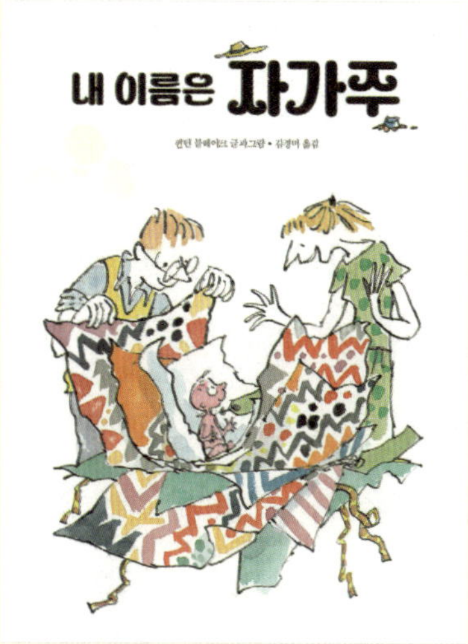

《내 이름은 자가주》 퀜틴 블레이크 글·그림

온 네안데르탈인처럼 보이기도 하고 고릴라 같기도 하다. 벨라와 조지는 "맙소사! 차라리 코끼리가 낫겠어.", "아니면 멧돼지든지."라고 소리친다. 그러거나 말거나 이 이상한 생명체는 점점 더 커지고 흉해진다. 점점 더 말을 안 듣고 제멋대로인 상태가 된다. 조지와 벨라는 어쩔 줄 모른다. 다음 순간 또다시 놀랄 만한 일이 벌어진다. 바로 어제까지 통제가 불가한 녀석이었는데, 인간보다 되려 짐승에 가까운 상태였는데….

인생, 버라이어티의 끝판왕

이 그림책의 지은이 퀀틴 블레이크는 작가 로알드 달의 작품《마틸다》,《찰리와 초콜릿 공장》,《제임스와 거대한 복숭아》 등에 삽화를 그린 이다. 하지만 언젠가부터 단독으로 글을 쓰고 그림을 그려 자기 작품을 내면서 스스로 탁월한 이야기꾼임을 선포했다. 날렵한 펜 터치로 윤곽을 그리고 채색을 최소한으로 하여 만화적 화풍을 선보인다. 자신의 유머러스한 글과 어울리는 그림을 그려내는 솜씨가 아주 좋다.

《내 이름은 자가주》에서도 기발한 이야기에 재미있는 그림을 버무려 독자를 사로잡는다. 더욱 놀라운 건 이 작품 하나에 사람의 일생을 압축해 담았다는 것이다. 아이가 태어나 성장의 시기마다 거치게 되는 모습을 은유적으로 표현하고, 자녀 양육하며 열심히 살다 보니 어느새 노인이 되어버린 삶의 정경도 잘 그려냈다.

사춘기 딸이 너무너무 말을 안 들을 때마다 나는 묻곤 했다. "어떻게 이렇게 달라져? 어릴 적엔 정말 순하더니." 그러면 딸은 표정 하나 바꾸지 않고 말간 얼굴로 대꾸했다. "그야 어렸을 땐 내가 세상을 몰랐으니까 그렇지. 심하게 순진했다고나 할까." 참…, 뭐라고 할 말이 없었다. 그렇지만 그때 바티칸에서 일순간 사라졌던 일은 정말 너무했다. 인파를 헤치고 사람들에게 떠밀리며 세 시간 동안 찾아 헤맸는데, 아이는 어이없게도 광장을 벗어난 거리의 한 카페에 말짱한 얼굴을 하고 앉아 있었다. 빵과 차까지 앞에 두고 말이다. 찾았다는 안도감과 더불어 얼마나 화가 나던지 딸애 등짝을 온 힘 다해 '스매싱' 해 버렸다. 이렇게 엄마를 곯려 먹다니, 대머리독수리와 멧돼지를 찜쪄먹고 털북숭이 인간을 상회하는 십 대 같으니라고! 나중에 들어보니, 장내 방송을 무시하고 계속 사진 찍는 엄마가 창피했단다.

나도 이렇게 엄마 말을 안 들었던가? 나는 아니라고 하고, 우리 엄만 그렇다고 할 것이다. 내가 기억하는 나와 엄마가 기억하는 나는 사뭇 다를 터. 나 또한 분명히 오랑우탄의 시기를 거쳤을 것이다. 이렇게 보면 억울할 건 하나도 없는 건가.

자녀를 양육한 경험이 있는 분들은 이 책을 보며 고개를 끄덕인다. 구구절절 공감 가는 이야기라면서, 자기 아이들도 이랬던 적이 있다면서. 그리고 이야기의 결말에서 조지와 벨라가 훗날 어떤 모습으로 탈바꿈하는지를 확인하곤 어딘가 애잔한 표정이 된다. 둘의 모습이 우스꽝스러운 한편 마음이 아프다고들 한다.

이 작품은 우리 인생의 모든 날이 다 다르다고, 모든 일에는 때가 있다고 말하는 걸까? 멧돼지의 시간이 있는가 하면 털북숭이의 시간도 있고, 성장할 때가 있으면 늙어갈 때가 있고, 기쁨에 겨운 시간이 있으면 인내와 수긍의 시간이 있고, 슬픔에 무릎 꺾이는 때가 있으면 또 다른 행복을 맞이하는 때가 있음을.

작가 페르난두 페소아는 《불안의 책》에서 "산다는 것은 달라진다는 것이다. 어제 느낀 것을 오늘도 느낄 수는 없다. 하루가 다음날로 넘어갈 때, 전날 있었던 일들을 칠판에서 모두 지우고 감정의 영원한 부활을 경험하며 새벽마다 새사람이 되는 것. 바로 이것만이 불완전하더라도 지금의 우리인 존재가 되기 위해 해볼 만한 일이고 될 만한 일이다."라고 말했다.

밤하늘을 수놓았던 불꽃도 그걸 알고 있었나 보다. 그것들은 팡팡 터졌다가 가장 맞춤한 때에 사그라들었다.

자기 몸을 화르르 사르고 적시에 사라졌다. 다음 불꽃이 바로 터졌고, 서로의 광휘가 겹치지 않아 그 모습이 다채로웠다. 얼굴 바꾸는 일이 너무나도 자연스러웠다. 불꽃의 숙명. 불꽃다운 모습.

하물며 사람이 살아가는 일에서야. 아이는 자라고 어른은 늙고 시간은 흐르고 관계는 변화한다. 반항하던 청소년이 의젓한 어른이 되는 것도, 팽팽한 긴장과 활력이 넘치던 젊은이가 어느새 허리 굽은 노인이 되는 것도, 부모의 돌봄을 받던 자녀가 장성해 이제 사랑을 되갚는 일도 모두 자연스럽다. 물이 흘러가는 것처럼, 구름이 움직이는 것처럼. 인생은 우리에게 수많은 드라마를 펼쳐 보이지만 그런 유동성을 인정하면 마음이 편안해진다. 그림책의 마지막 문장은 "인생은 정말 굉장하다니까요."이다. 여러분도 이 말에 공감할지 궁금하다.

거짓말 같은 이별

1960~1970년대의 전설적인 가수 김추자가 부른 〈거짓말이야〉란 노래를 무척이나 좋아하던 지인이 있었다. 그는 운전대를 잡을 때마다 노래가 담긴 CD를 보닛의 플레이어에 밀어 넣고 몇 번이나 반복해 들었다. 덕분에 나도 함께 향수에 젖어 요즘 세대는 알지 못할 그 구수하고 절절한 노래를 흥얼흥얼 따라 부르게 되었다.

"거짓말이야, 거짓말이야, 거짓말이야, 거짓말이야, 거짓말이야~ 사랑도 거짓말, 웃음도 거짓말 (…) 그렇게도 잊었나. 세월 따라 잊었나. 웃음 속에 만나고 눈물 속에 헤어져. 다시 사랑 않으리. 그대 잊으리. 그대 나를 만나고 나를 버렸지. 나를 버렸지."

김추자는 '거짓말이야'를 연거푸 다섯 번 외치면서 조금씩 색깔이 다른 음성을 내는데, 그 맛이 기가 막혔다. 도대체 누가 그토록 지독한 거짓말을 하고 그녀를 저버렸는지 모르지만, 아무튼 된통 배신당한 여인이 '다시는 사랑 안 해'라며 절규하는 것처럼 들렸다. 어쩌면 자기 앞에 놓인 상황 자체를 믿을 수 없어 이 모든 게 꿈인 거라고, 나쁜 농담 같은 거라고 목 놓아 외치는 것처럼도 들렸다. 중의적인 가사라서 더 매력적이었다.

이러면 어떡해요, 난 어쩌라고

살다 보면 정말 "거짓말이야, 거짓말!" 하고 외치고 싶을 때가 있다. 주로 믿을 수 없는 일, 믿고 싶지 않은 일과 마주할 때 그렇다. 좋았던 친구와 헤어지고, 사랑했던 사람과 이별할 때도 마찬가지다. 더구나 이별도 여러 종류라서 상황에 따라 어쩔 수 없이 하는 생이별, 상대 혹은 나의 배신으로 인한 갈라짐, 한쪽의 죽음으로 야기된

사별 등이 있으니, 그때마다 '거짓말!'하고 외치는 목소리는 색깔과 질감이 모두 다를 수밖에 없다.

고등학교 때 나에게 음악을 가르쳤던 스승님은 육십대의 남자분이었다. 보통 '예술가' 하면 떠오르는 이미지의 기인까진 아니었으나 꽤 남다른 데가 있는 분이었다. 가르치는 제자들을 무척 아껴 세심히 챙겼고, 사람을 좋아해 항상 집이 북적거렸다. 무릇 정이 넘치는 호인들이 그렇듯 술과 담배가 과도했는데 그게 사달이 나 결국 식도암으로 돌아가셨다. 고등학교 3학년 1학기에 스승을 잃은 나는 어찌할 바를 몰랐다. 어미 잃은 새끼처럼 며칠을 울었다. 스승님이 대책도 없이 날 버리고 떠난 것 같아 배신감이 느껴지고 원망스러웠다. 그래서 몇 번이나 외쳤다. 거짓말이야, 거짓말!

조그맣고 보잘것없던 녀석이 내 마음에 들어와
《고 녀석 맛있겠다》

조그만 알 하나가 빠가닥 빠가닥 하더니 아기 안킬로

사우루스가 태어난다. 엄마는 어딜 갔는지 보이지 않는다. 아기는 슬피 울며 타달타달 길을 간다. 그 위에 거대한 그림자가 드리운다. 무시무시한 티라노사우루스! 크기로 보아 아기는 한 입 거리도 안 돼 보인다. 티라노사우루스가 "고 녀석 맛있겠다!"라고 외치며 꿀꺽 삼켜버리려는 찰나, 육중한 다리에 왈카닥 매달리며 아기 공룡이 외친다. "아빠! 내 이름을 알고 있으니까, 우리 아빠지!" 티라노사우루스는 당황해서 말문이 막힌다. 아기 공룡은 자기 이름을 '맛있겠다'라고 철석같이 믿으면서 볼을 비빈다. 실로 난감한 상황.

졸지에 아빠가 된 티라노사우루스는 어리둥절한 채로 맛있겠다를 극진히 돌보기 시작한다. 아기가 먹을 만한 풀을 뜯어 주고, 아기를 노리는 다른 공룡과 맞서 싸우며 밤에는 쌔근쌔근 잠든 아기 곁을 지키느라 밤을 새운다. 그뿐 아니라 공룡으로서 그 험한 세상을 살아가는 데 필수 기술이라 할 박치기, 꼬리 휘두르기, 울부짖기도 꼼꼼하게 가르친다.

하지만 티라노사우루스는 남몰래 다른 계획을 가지고 있다. 사랑하는 자식이 된 맛있겠다를 위해서 힘들고 눈

《고 녀석 맛있겠다》 미야니시 타츠야 글·그림

물이 나도 참고 견뎌야 할, 꼭 돌아가야 할 삶의 모퉁이가 있다. 그리고 그 모퉁이는 야속하게도 바로 저기, 눈에 보이는 데 있다. 어찌면 좋을까?

부드러운 마음과 몽글몽글한 사랑을 남기고

《고 녀석 맛있겠다》는 열두 권 시리즈 중 하나이다. 《고 녀석 맛있겠다》를 필두로 해서 《나는 티라노사우루스다》, 《넌 정말 멋져》, 《영원히 널 사랑할 거란다》, 《나에게도 사랑을 주세요》로 이어지는데, 하나같이 달콤한 로맨스 소설 제목으로도 손색없다. 상대에 대한 절절한 사랑의 고백이며 영원히 함께하고픈 바람의 표현이다.

매 편에 등장하는 작은 공룡은 각각 안킬로사우루스, 프테라노돈, 스티라코사우루스, 마이아사우라 등으로 다양하지만 큰 공룡 티라노사우루스는 전편에 등장한다. 다시 말해 공룡 중의 공룡이며 천하무적인 티라노사우루스를 가운데 두고 그보다 작고 약한 공룡들이 조연처럼 출연해 티라노사우루스와 관계를 맺는 형식이다. 하나같이 우연한 만남, 오해와 착각, 저도 모르게 자라나는 부성애, 기꺼운 희생 그리고 가슴 아픈 이별의 이야기를 담고 있다.

재미있는 것은 새롭게 맺어진 관계에서 사랑이 아빠(강자이자 양육자)에서 아이(약자이자 피양육자)의 한 방향으로 흐르는 것이 아니라 서로 주고받는 쌍방향으로 전개된다는 점이다. 각 권의 이야기마다 등장하는 '빨간 열매'는 본래 티라노사우루스의 먹이가 아니라 초식 공룡들의 일용할 양식이다. 하지만 아무것도 모르는 안킬로사우루스는 아빠를 위해 먼 산에까지 가서 빨간 열매를 따온다. 작은 몸으로 위험을 자초한 것이어서 티라노사우루스는 화를 내지만 자신을 위한 안킬로사우루스의 배려임을 깨닫고는 기꺼이 그 사랑과 정성을 받아먹는다. 작고 약한 존재는 일방적으로 사랑의 수혜를 받는 입장에만 머물지 않고 그렇게 엄마의 너른 마음이 된다.

이제 안킬로사우루스는 눈이 오건 비가 내리건 계속해서 언덕을 오르고 낭떠러지에 매달린다. 서로 온전한 의탁과 돌봄이 반복되면서, 둘은 서로에게 꽃 피울 터전이 되고 씨 뿌린 들녘이 된다. 포식자-피식자의 관계가 될 뻔했으나, 세상에 둘도 없는 부모-자식 사이가 된다.

책을 감상한 아이들이 환호하는 것도 이 부분이다. 굵고 선명한 그림과 재미있는 이야기 전개로 이 시리즈 전체가 인기 만점이지만, 결국 아이들의 가슴을 울리는 건 사랑의 오고 감과 그들 관계의 변화다. "우와, 잡아먹었으면 어쩔 뻔.", "둘의 마음이 읽혀서 감동이에요."라고 말한다.

이 그림책을 쓰고 그린 미야니시 타츠야는 말했다. "마음이라는 건 참 재미나다. 다양한 감정으로 가득 차

있다. 남한테 자랑하고 싶은 마음, 이기고 싶은 마음, 자기중심적인 마음. 그런가 하면 다정한 마음, 배려하는 마음, 사랑하는 마음도 있고." 작가의 말처럼 마음은 실로 다양한 색깔과 모양으로 존재하며 사람에 따라 모두 결이 다르다. 그래서 누군가와 마음을 나누는 일이 간단치 않다. 수학처럼 공식이 있는 것도 아니고 물리학처럼 주기율표가 있는 것도 아니므로 그 보이지 않는 감정의 오고 감, 주고받으면서 커지는 빨간 열매를 어쩌면 좋을지 난감할 때가 있다.

처음에는 소박하게 시작된 관계가 점점 커지다가 종국에는 풍선처럼 한껏 부풀어져서 우리 마음을 점령하는 일을 받아들이기 쉽지 않다. 무척 성가시다. 티라노사우루스로서도 예전처럼 약한 짐승을 잡아먹으면서 살던 대로 쭉 살 수 있다면 편하지 않았을까? 도대체 마음이란 것의 정체를 파악하고, 누군가와 마음을 나누고, 종국에 사랑을 아는 일들의 번잡스러움이라니!

안킬로사우루스를 사랑하게 되어 어느 날 올려다본 밤하늘은 속절없이 아름답고 대책 없이 황홀했다. 하지만 바로 다음 순간 거짓말 같은 이별이 기다리고 있었다.

나도 스승님이 그렇게 살뜰한 사람이 아니었다면 이별이 덜 아팠을지도 모른다. 음악을 가르칠 땐 엄하기 그지없었으나, 제자들은 스승님 마음속에 몽글몽글 자리한 사랑을 알았다. 그래서 저마다 최선을 다해 연습하고 콩쿠르에 나가고 무대에 섰다. 그러면 스승님은 제자들이 가져온 그 빨간 열매에 감읍해 더 다정한 사랑을 퍼부어주곤 했다. 좀 더 오래 사셨다면 좋았을 텐데.

가슴이 아파도 떠나가야 할 시간, 마음이 무너져도 이별해야 하는 순간이 있다. 미리 준비할 새 없이 느닷없이 닥쳤을 땐 어떻게 하면 좋을지, 작별을 어느 정도 예감하는 상황이라면 또 어째야 할지 모르겠다. 그간 나누었던 마음과 오고 간 정을, 그래서 더 아픈 심정을 무엇으로 다독일 수 있을는지 이 작품을 읽으며 여러 가지 생각을 하게 된다. 너와 나, 나와 세상, 세상과 이야기 속의 모든 이별의 순간을 새삼 돌아본다.

모든 일에는 때가 있다

십여 년 전, 지인들과 미야자키 하야오 감독의 애니메이션 〈원령공주〉의 배경지로 알려진 '야쿠시마섬'에 트레킹을 갔던 적이 있다. 매번 그의 작품에 감동했던 나는 떠나기 며칠 전부터 가슴을 두근거리며 기대했다.

원시림이 보존된 지역이라고 하니 단단히 준비해야 했다. 험한 산길을 오르내리기 위한 튼튼한 등산화, 눈길에 대비한 아이젠, 가벼운 지팡이 한 벌, 변덕스러운 날씨를 견뎌줄 우비 등. 미덥지 않은 체력도 단련해야 했으므로 스쿼트, 윗몸 일으키기, 동네 산책하기 등 안 하던 운동도 매일 했다. 행여나 여정 중에 낙오하여 길동무들에게 민폐를 끼치지 않으려는 마음에서였다. 이왕이면 씩씩하게 잘 걸어보자고 다짐했다.

안개 자욱하고 비바람 치는 숲속에서

의기충천하여 도착한 야쿠시마섬. 료칸에 여장을 풀고, 다음 날 새벽의 트래킹을 위해 일찍 잠자리에 들었다. 새벽 세 시에 기상해서 산어귀로 이동해 등반을 시작하는 일정이었다. 료칸에서 가이드 아저씨의 봉고차를 얻어 타고 등산로에 다다르니 사방이 어두워 앞이 보이지 않았다. 때는 여름이었지만 몹시 추웠다. 게다가 추적추적 비까지 내리고 있었다. 우리는 헤드 랜턴 달린 헬멧을 쓰고 눈빛을 주고받으며 전의를 다졌다. 그래, 가보는 거야!

하지만 출발부터 쉽지 않았다. 흙길이 아니라 철로 레일 같은 임도▒를 수 킬로미터 걸어야 했다. 빗줄기가 조

▒ Forest Road: 임산물 수송이나 삼림 관리를 위해 숲속에 조성한 도로.

금씩 거세어졌다. 가이드는 삼림 안에는 원숭이가 부지기수라면서 잘 찾아보라고 했지만 나는 행여 발목이라도 접질릴까 봐 발아래만 주시하며 걸었다. 조금씩 숲이 깊어지자 듣던 대로 울창한 자연이 펼쳐졌다. 원시림을 이룬 나무들의 수령은 장장 1,000~3,000년 사이로 "아이고 어르신." 소리가 저절로 나왔다. 이 오랜 세월, 어떤 풍파를 견디며 지금껏 살아왔을까? 땅 위로 거친 뿌리가 드러나고 구불텅한 몸으로 하늘 향해 뻗어 오른 자태가 멋있었다. 삼나무가 지천인 숲은 자욱한 안개로 덮여 한 치 앞도 보여주지 않다가 어느새 멋진 계곡을 드러내곤 했다. 물 떨어지는 소리가 들려 발걸음을 옮기면 웅장한 폭포가 보였고 물 아래엔 백조처럼 목 긴 새들이 한가로이 헤엄치고 있었다. 어딜 보나 무릉도원이었다.

날씨는 듣던 대로 변화무쌍했다. 고도가 높아지면서 잠깐 개었던 비는 다시 폭우로 내리고 어느새 진눈깨비가 되어 흩날렸다. 우리는 45도로 눈보라가 휘몰아치는 숲속 빈터에 서서 도시락을 먹고 커피를 마셨다. 이가 덜덜 떨리게 춥고 밥이 어디로 들어가는지도 몰랐다. 나는 벌써 지친 상태여서 이쯤에서 낙오해야 하나 생각했지만, 도리질하며 유혹을 떨쳐냈다. 일단 길을 나섰으니 묵묵히 걸어야지. 안개 자욱하고 눈발이 날려도 지금은 걸음을 옮겨야지.

너를 두고 어찌 갈까 《큰고니의 하늘》

일본 작가 테지마 케이자부로오가 글을 쓰고 그림을 그린 《큰고니의 하늘》의 표지를 보면 눈이 시원해진다. 청명한 하늘 아래 눈 덮인 산맥이 기세 좋게 뻗어 있다. 산 아래 호수엔 목 긴 새들이 무리 지어져 있는데, 제목으로 심작하건대 큰고니들인가 보다. 여섯 마리 큰고니가 도란도란 다정해 보인다.

'홋까이도오'의 잔잔하고 평화로운 호수에 겨울을 나려는 큰고니들이 찾아와 지내고 있다. 먼 북쪽 나라에서 날아온 철새들이다. 어느새 겨울 지나 이제 곧 봄이 도래할 시기가 되었다. 그동안 충분히 휴식했으니 이제 다시 고향으로 가야 한다. 큰고니들은 거대한 날개 활짝 펴고

《큰고니의 하늘》 테지마 케이자부로오 글·그림

되돌이 여정을 시작한다.

하지만 한 가족만은 아직 물가에 남아 있다. 아이 하나가 병이 났기 때문이다. 건강이 회복될 때를 기다려보지만 봄은 성큼 다가와 얼굴을 내밀고 검은 흙이 땅 위로 드러나고 복수초가 피어난다. 아름다운 봄이지만 더 이상 여기서 지체할 순 없다. 아이의 병세는 깊어져만 가고, 아빠 고니는 모두를 위해 결단을 내려야 한다. 떠날 자는 떠나고, 떠나지 못할 자는 남아야 하는 것. 가족은 눈물 속에 이별한다. 큰고니들의 구슬픈 울음소리가 하늘 가득 메아리친다.

때를 알고 순응하기

판화로 표현된 그림이 강렬하다. 굵고 힘찬 선이 광대한 자연을 느끼게 한다. 큰고니들이 겨울을 나는 푸르른 호수와 뒤로 우뚝 솟은 산, 물에 반사된 구름이 멋지다. 파란 대낮의 하늘과 별이 총총 뜬 밤하늘이 교차하는 것도 아름답다. 그런가 하면 고향으로 돌아가는 다섯 마리 큰고니의 모습에서는 여정의 고단함과 더불어 두고 온 가족에 대한 처연한 마음이 함께 읽혀 짠하다.

모름지기 여행이란 '돌아갈 집이 있어 좋은 것'이라고 한다. 여행은 집 떠남이고 반복되는 일상에서의 탈출인데 돌아갈 수 있어 행복하다니. 예전엔 고개가 갸웃했지만 이제는 그 말이 진리라는 걸 안다. 귀환할 곳이 없다면 여행이 아니라 정처 없는 떠돎일 것이며 목적 없는 길위의 터벅거림일 것이다.

철새들도 마찬가지다. 계절이 순환하고 철이 바뀜에

따라 제 살던 터를 떠나 먼 곳으로 이동해야 한다. 그리고 자연의 섭리에 따라 다시 고향으로 회귀해야 한다. 아무리 고단해도 하는 수 없고 오가는 길이 천리만리여도 거스를 수 없다. 몸이 아프면 스스로 낙오해야 하고 가족 중에 앓는 식구가 있으면 결단을 내려야 한다. 아픈 아이를 남겨두고 고향으로 향하는 날갯짓이 기꺼울 리 만무하나, 그래도 가야 한다. '때'에 순응해야 하며 늦으면 안 된다. 그게 자연에 깃든 엄중한 질서다.

삶에는 그때 아니면 안 되는 것들이 있지 않은가? 머무를 때가 있으면 떠날 때가 있고, 함께할 때가 있으면 헤어져야 할 때가 있다. 헤어져야 하는 때는 비통하고 애달프지만 그럼에도 거스를 수 없는 자연의 질서를 따르려면 창공 위로 날아 올라야 한다. 그래도 이별이 영 끝은 아니었는지, 그림책 속의 큰고니 가족은 다시 돌아간 고향의 하늘에서 커다란 환영을 보았다. 맑은 햇살 아래 부채처럼 펼쳐진 날개가 차가운 하늘 가득 반짝반짝 빛났다. 생각지도 못한 해후의 때였다.

숲이 하도 울울창창해 영화에서처럼 늑대 신, 돼지 신이 불쑥 튀어나올 것 같던 야쿠시마섬의 한복판에서도 나는 그 '때'를 느꼈다. 날씨와 위치와 고도가 시간의 흐름에 따라 모두 변덕스럽게 느껴졌으니 그랬을 것이다. 눈이 올 때 눈이 오고, 비가 내릴 때 비가 내린 것일 테다. 장장 7,000년 수령의 커다란 삼나무도 그 합당하고 적합한 때를 살고 있었을 것이다. 생명력을 계속 내뿜는 때가 있으면 긴 삶의 역사를 뒤로하고 숨을 거둘 때도 있을 터이다. 등산하는 이의 입장에선 산을 오를 때가 있으면 내려올 때가 있고, 산기슭에서 눈비를 맞아가며 노심초사할 때가 있으면 편안한 호흡으로 숲을 즐기는 때도 있는 것이다.

험산을 오르내리며 하루에 사계절을 다 겪었더니 지칠 대로 지쳐버렸다. 간신히 정상에 올랐다가 하산할 때는 얼마나 힘에 부치던지 주저앉아 울기도 했다. 산 아래로 내려와서도 계속 이어지는 임도에 걸음이 몹시 힘들었다. 료칸으로 돌아와 뜨거운 온천욕을 하고 그대로 잠이 들었다. 새벽에 눈을 떠서는 꿈인가 생시인가 했다. 정신은 아직도 원령공주의 숲에 있는 듯 몽롱하고, 잠자리에서 일어나 걸으려니 몸이 말을 듣지 않았다. 그래도 뿌듯했다. 일행과 함께 올라갈 때 올라가고 내려올 때 내려왔고, 혼자 오롯이 쉬며 망중한을 즐기니 행복했다. 다시 한번 온천에 들렀다가 료칸의 식당에서 잘 차려진 아침 밥상을 마주했을 때는 왠지 상이라도 탄 기분이었다.

요새도 가끔 등산화 끈 질끈 묶고서 길을 나서고 싶다. 야쿠시마섬처럼 깊은 산이어도 좋고, 철새들이 겨울 나는 푸른 호숫가여도 좋다. 때를 알고 질서에 순응하는 자연을 다시금 느껴보고 싶다. 숲은 묵묵하고 호수는 평화로워 보여도 그 안에서는 수많은 생명체의 이야기가 쉼없이 펼쳐진다. 생사고락의 드라마가 흔들리고 출렁이며, 모든 순간과 모든 때를 아낌없이 채운다.

살면서 수없이 겪는 만남과 헤어짐, 이별 뒤 해후. 여러분에게 어떤 경험이 있었는지 궁금하다.

고인을 보내드리는 일, 장례

최근 이삼 년 사이에 친구 A의 아버지와 친구 B의 시아버지가 돌아가셨다. 나와 사이가 막역한 벗들이라 장례 준비부터 마지막 단계까지 함께했다. 빈소 마련을 시작으로 상조회사에 연락하기, 부고장 발송하기, 제단 꾸미기, 조문객 응대하기, 입관, 발인, 화장 그리고 장지에 모시는 일까지. 게다가 단계마다 자잘한 선택과 결정을 해야 하므로 내 작은 힘이라도 보태려고 애썼다.

장례를 치르는 동안에는 이처럼 신경 쓰고 처리해야 할 일이 많아서 상주와 유족은 막상 슬퍼할 겨를이 없다. 아버지를 여읜 A도, 시아버지 상을 치른 B도 시신을 화장하여 장지에 모시고 나서야 비로소 허탈함과 슬픔을 드러냈다. 돌아가시기 전 요양병원에서 의식이 명료하지 않은 채로 몇 달간 누워계셨던 터라 이야기조차 제대로 나누지 못했던 걸 가슴 아파했다. 가족의 죽음은 언제 어떻게 겪든 황망하지만, 이런 이별은 너무 아쉽다.

흔해진 죽음, 규격화된 풍경

지난 두어 세기 동안 한국은 엄청난 사회적 변화를 겪었다. 인구 변화 또한 급격했다. 조선 시대 이전이 '다산다사(높은 출생률과 높은 사망률)'의 사회였다면 일제 강점기 이후 1980년대까지 '다산감사(높은 출생률과 낮아진 사망률)', '감산소사(낮아진 출생률과 낮은 사망률)', '소산소사(낮은 출생률과 낮은 사망률)'의 시기를 거쳤다. 그리고 1990년대부터 본격적으로 시작된 '소산다사(낮은 출생률과 높은 사망률)'의 시대가 현재까지 이어지고 있다. 노년층의 인구가 기하급수적으로 늘어 초고령사회 진입을 눈앞에 두고 있는 만큼 죽음은 일상적인 일이 되었다.

하지만 장례식의 풍경은 비슷해졌다. 연로하여 돌아가시는 경우 주로 요양병원이나 요양원, 또는 중환자실에서 일정 기간 머물다 생을 마감하게 된다. 그리고 엇비슷하게 생긴 빈소에서 남의 장례와 다르지 않은 절차를 거치며 이 세상과 작별한다.

이 과정에서 고인인 당사자는 정작 자신의 장례에서 소외된다. 친구 A 아버지의 빈소에서 만난 장례지도사도 비슷한 말을 했다. 장례지도사로서 현대의 장사 법규와 장례 절차에 입각해 진행하지만, 그 와중에 돌아가신 분은 빠져 있다는 생각을 자주 한단다. 차질 없이 진행되어야 하니 예식은 시간 단위로 쪼개지고, 순서에 따라 진행되면서 규격화되는 것 같단다. 그렇기에 더욱 온 마음과 정성을 다해 고인을 보내드리려 한다고.

어매 어매 우리 어매 우리 어매가 떠나가네

《맑은 날》

강변 작은 마을에서 아흔네 해 살던 할머니가 돌아가

《맑은 날》 김용택 글·전갑배 그림

셨다. 굽이굽이 사연 많은 인생이었다. 할머니의 하얀 저고리가 지붕 위로 던져지고, 딸네들은 머리 풀고 울음을 터뜨린다. 동네 사람들이 하나둘 모여들더니 마당에 차일을 치고 돼지를 삶는다. 너나 할 것 없이 술을 거나하게 마셔대고, 떠들썩한 마당으로 객지의 손주들도 시나브로 도착한다. 할머니의 집에, 아니 마을 전체에 "삶의 소란과 죽음의 고요가 엇갈"린다.

할머니의 막내아들이 오자 입관이 행해진다. 할머니가 관 속에 편안히 눕혀지고 헌 옷가지와 동전 몇 개가 관 속에 떨어진다. 할머니의 지난 세월이 사람들 우는 소리, 관에 못 박는 소리와 함께 떠올랐다 사라진다. 이윽고 관 속을 빠져나온 할머니는 홀가분한 몸으로 바람 따라 걸어간다. 이튿날, 밤이 깊어지자 마당에 빈 상여가 놓인다. 사람들은 붉은 탈을 뒤집어쓴 채 실컷 울고 맘대로 웃으며 '빈상여놀이'를 한다.

날이 새자 사람들이 일어나 주섬주섬 상여를 꾸민다. 상여는 흔들거리며 정자나무를 지나 강 길을 따라간다. 딸네와 일가친척은 구슬프게 곡을 하거나 눈물 없는 울음을 토해내고, 상여는 논두렁 밭두렁 넘어 산을 오르기 시작한다. 봄볕 따사로운 산으로 길을 내며 올라간다.

사람의, 사람에 의한, 사람을 위한 장례식

글쓴이는 섬진강 시인 김용택이다. 할머니의 상례▒를 치르며 적어 내려간 시 〈맑은 날〉을 그림책으로 만든 것

▒ 임종부터 시작해 3년간 행해지는 절차를 말한다. 장례는 시신의 처리를 중심으로 하는 것으로 상례의 한 부분이다.

이 이 작품이다. 할머니에 대한 추억과 장례를 치르는 이들의 심정 그리고 온 마을 사람들이 함께하는 장례 풍경이 가감 없이 그려져 있다. 시적이고 아름다운 글에 전갑배 작가의 아름다운 그림이 어우러져 더욱 특별하다. 우리나라의 전통 상례를 책으로나마 자세히 접할 수 있고 염습, 입관, 영좌, 발인, 운구, 성분, 탈상 등 상례에 쓰이는 말의 뜻도 익힐 수 있다. 어른이 보아도 좋고 아이들과 함께 보면 더욱 좋다.

한국의 전통 장례에는 눈물과 웃음, 한과 한풀이가 모두 들어있다. 죽은 자와 산 자가 큰 마당에 함께 펼쳐놓고 속엣것을 모두 풀어놓는다. 훌쩍훌쩍 흐느끼고 구슬피 울고 꺼이꺼이 통곡한다. 그런가 하면 거나하게 취하고 덩실덩실 춤추고 껄껄 웃기도 한다. 조용했던 마당이 떠들썩해지고 평온했던 마을은 온통 들썩거린다. 죽은 자와 산 자는 경계 없이 한 데 어울린다.

상여 나가는 날의 풍경은 그야말로 장례 예식의 진수를 보여준다. 고인이 발로 딛고 손으로 짚었던 온 데를 들러 강과 논을 지나 산으로 가는데, 상여꾼들의 상여 소리가 주거니▒ 받거니▒▒ 산천에 메아리친다. 땅이 파헤쳐져 벌건 흙이 드러나면 관은 땅속으로 들어가고 고인은 매장된다.

전통 장례는 이처럼 예식의 어느 장면이든 숙연하고 아름답다. 모두가 힘을 합쳐 장례를 치르는 모습도 정겹다. 그림책의 뒤쪽에 실린 해설대로 "초상집 마당은 고인과 헤어지는 설움을 한껏 드러내는 슬픔의 마당인 동시에 고인이 삶의 무거운 짐을 벗고 영원한 휴식에 든 것을 축하하고 명복을 기원하는 축복의 마당 (…) 또한 그곳에 모인 사람들이 고인의 죽음과는 상관없는, 세상을 살면서 쌓인 설움까지도 쏟아 내고 서로 위로하며 풀어 버리는 축제의 마당이기도" 하다.

1960~1970년대만 해도 대가족 안에서 생로병사를 함께 겪는 일이 일반적이었다. 가족의 일원이 죽으면 집에서 장례를 치렀다. 가족들은 손수 음식을 만들어 조문객을 맞이하고, 시신을 염습하고, 땅속에 매장했다. 그 뒤

▒ 메기는 소리. 주로 "북망산천이 머다더니 내 집 앞이 북망일세."를 한 사람이 앞서 부른다.

▒▒ 받는 소리. 주로 "너허 너허 너화너" 또는 "어노 어노 어어노오."를 여러 사람이 받아서 부른다.

엔 삼우제, 소상, 대상, 담제를 차례대로 치렀다.▒ 웰다잉을 공부하며 살펴보니, 우리나라의 상장례는 무척 격식이 있고 인간미가 살아 있다. 고인의 마지막 가시는 길을 정성을 다해 살펴드리고 그 후의 긴 과정을 담담히 치러낸다.

이에 비하면 현대의 장례에는 온기가 없다. 처연한 슬픔도, 들썩거리는 흥분도, 애통한 눈물도, 왁자한 웃음도 없다. 팥죽을 쑤어 먹고, 골방에서 노름하고, 상여 뒤에서 쑥을 캐고, 고인의 눈에 흙을 넣는 일이 차가운 병원의 빈소에선 일어나지 않는다. 죽은 자도, 산 자도 존재하지 않는 것만 같다.

삶과 죽음이 자연스레 어울리고 모두가 한마음 되는 우리의 전통 상례가 다시 조명받으면 좋겠다. 상장례의 모든 순간에 '사람'이 우뚝 서 있는 고귀한 풍습을 잃어버리지 않았으면 좋겠다. 전통 의식을 처음부터 끝까지 고스란히 재현하진 못하더라도, 겨레의 문화가 가진 색

▒ 삼우제는 장례를 치른 후 세 번째 날에 치르는 제사이고, 소상은 기년을 맞아 고인을 추모하는 제사로 고인이 돌아가신 뒤 만 1년 뒤인 초기일에 거행한다. 대상은 돌아가신 지 이 년 때에 고인을 추모하는 제사이고, 담제는 평상의 상태로 돌아가기를 기원하는 제사로 삼년상을 무사히 마치고 '담담하니 평안하다'는 뜻이다.

깔과 의미가 후대에 계승되길 바란다. 그리하여 우리 아이들이 자긍심을 가지고 길이길이 이어갈 수 있기를. 이 그림책이 좋은 길잡이가 되어줄 것이다.

함께 보면 좋아요

《나무: 죽음과 순환에 대한 작지만 큰 이야기》(대니 파커 글·매트 오틀리 그림)

작은 묘목은 큰 나무 그늘 아래 행복하고 안전하게 커가고 있다. 그러던 어느 날, 엄청난 뇌우에 큰 나무는 허리가 꺾여 쓰러지고 작은 나무는 홀로 남는다. 막막하고 외로운 시간을 거쳐 작은 나무는 크게 성장한다. 그런 그의 곁에 조그마한 나무가 자라나기 시작한다. 울창한 나뭇가지 아래로 무덤이 있고 중년의 아버지가 어린 아들 손을 잡고 걸어간다. 모든 일에는 시작과 끝이 있고 끝은 새로운 시작을 불러온다는 깨달음을 주는 이야기. 일러스트가 웅장하다.

《자코미누스: 달과 철학을 사랑한 토끼》(레베카 도트르메르 글·그림)

갱스보루 부부 사이에서 태어난 토끼 '자코미누스'는 가족과 친구들에게 사랑을 듬뿍 받고 자라난다. 계단 위에서 굴러떨어지는 바람에 한쪽 다리를 다치지만 그는 날마다 조금씩 성장한다. 결혼하여 일가를 이루고 많은 이와 관계를 맺는다. 시간이 흘러 노인이 된 그는 자신이 삶을 얼마나 사랑했는지를 깨닫고 아몬드 나무 아래 누워 영원한 잠을 청한다. 주인공의 전 생애를 볼 수 있는 책. 세밀화로 그려진, 풍성하게 채색된 그림이 특별하다.

《소금차 운전사》(올란도 위크스 글·그림)

여름이면 아이스크림을 차에 잔뜩 싣고 팔러 다니는 그는 겨울이면 소금

차 운전사가 된다. 꽝꽝 언 길에 소금을 뿌리는 일이다. 하지만 시의회에서 해고를 통보받고 내일부턴 백수가 될 예정이다. 그는 닥쳐올 내일이 막막하다. 눈보라가 휘몰아치는 밤, 광대한 우주를 가르고 있다고 상상하며 마지막으로 소금을 뿌린다. 일은 마쳤지만 그는 계속 가보기로 결심한다. 땅끝 너머 저 멀리까지, 석양 너머까지, 하늘 위까지 소금을 뿌리면서. 여러 결말을 상상할 수 있는 책.

《꼭두랑 꽃상여랑》(김춘옥 글·이수진 그림)

'나'는 언덕배기에 뿌리를 내린 살구나무다. 소녀 '명화'가 다가와 자기 얘기를 조잘조잘 풀어놓는다. 그러던 어느 봄날, 명화는 꽃가마를 타고 멀리 떠나고 나라에 전쟁이 일어난다. 그 통에 나는 세찬 바람에 쓰러진다. 세월 지나 명화 닮은 여자가 나를 찾아와 집으로 데려간다. 병석에 누워 나를 어루만지는 나이 든 여자는 바로 명화! 명화의 딸은 나를 깎아 동자 꼭두, 선비 꼭두, 시종 꼭두를 만든다. 드디어 명화가 눈을 감자 가족들은 지붕 위에서 명화 부부의 혼례복을 흔들고 장례를 치른다. 이제 꽃상여를 장식한 꼭두가 된 나는 명화랑 먼 길을 함께 나선다. 공들인 판화 작업이 돋보이는 귀한 그림책으로 우리나라의 전통 상장례를 알 수 있다.

《끝의 아름다움》(알프레도 코렐라 글·호르헤 곤살레스 그림)

나이가 100살 먹은 거북이 '니나'는 지난 세월 수많은 여행을 했고 이제 곧 여행이 끝나리라 생각한다. 그리고 '끝'이 무엇인지 알고자 길을 떠난다. 니나는 길에서 만난 개미, 애벌레, 제비, 뱀, 꾀꼬리, 강에게 끝에 관해 묻고, 모두는 각자의 답을 내어놓는다. 하지만 니나는 끝의 의미를 정확히 알 수 없다. 밤하늘에 뜬 빛나는 별들을 바라보며 이제 여행이 끝났음을 아는 니나. 작가는 자기만의 방식으로 이야기를 맺는다.

《풍선 사냥꾼》(안니켄 비에르네스 글·마리 칸스타 욘센 그림)

'나'는 어둠 속에 머무는 소년이다. 엄마랑 아빠랑 누나는 방 천장을 밤하늘처럼 꾸미고 별을 장식하더니 "별은 수백만 년이나 살 수 있고, 우리는 별이 죽어 사라져도 그 별빛을 볼 수 있다."라고 말한다. "사람은 죽어서 천사가 되고 천사는 별들이 반짝이도록 도와준다."라고도 말한다. 천사가 되고 싶은 나는 하늘에 올라 구름과 별 마을을 난다. 어린이의 죽음을 다룬 흔치 않은 그림책.

《영원히 사는 법》(콜린 톰슨 글·그림)

도서관 문이 닫히면 책장이 도시처럼 살아난다. 주인공 '피터'는 없어진 한 권의 책《영원히 사는 법》과 생명의 비밀을 찾고자 한다. 그리고 다락방에서 문제의 책을 찾아낸다. 하지만 나이를 가늠할 수 없는 '영원한 아이'는 그 책을 읽지 말라고 얘기한다, 영원히 사는 건 사는 게 아니라면서. 피터는 어떤 선택을 했을까?

〈굿바이〉(타키타 요지로 연출)

일본 영화. 교향악단의 첼로 연주자 '다이고'는 어느 날 오케스트라의 해체를 통보받고 당황한다. 인생의 기로에 선 그는 자기의 분신 같은 첼로를 팔고 고향 야마가타로 내려간다. '여행 도우미를 구한다'는 신문의 구인 광고를 보고 에이전트를 찾아가지만, 그곳은 죽은 이를 납관(시신을 염습하고 관에 넣는 일)하는 회사다. 그러니까 여행 도우미란 저승세계로 떠나는 사람들을 인도하는 일이었던 것. 다이고는 어쩔 수 없이 일을 시작하고 여러 난관에 부딪힌다. 하지만 차츰 일에 몰두하며 인간 생사의 의미를 깨닫게 된다.

〈님아, 그 강을 건너지 마오〉(진모영 연출)

할아버지와 할머니는 평생 둘도 없는 단짝이다. 기쁜 일에는 함께 춤추고 슬픔의 파도가 밀려오면 같이 넘는다. 혼례 후 수십 년이 흘렀어도 서로를 향한 애틋한 마음은 변함없다. 아, 그러나 속절없는 세월이여. 이제 님은 강을 건너가야 하니…. 조병만 할아버지와 강계열 할머니의 사랑이 가슴 뭉클하게 다가오는 다큐멘터리.

〈아버지와 딸〉(미카엘 두독 데 비트 연출)

어릴 적 헤어진 아버지를 평생 그리워하는 딸의 이야기를 애니메이션으로 만든 작품. 동명의 그림책도 있다. 아버지와 딸이 자전거를 타고 둑길을 간다. 그러다 키 큰 나무들이 즐비한 제방 위에서 자전거를 멈춘다. "잘 있어라, 아가." "잘 가요, 아빠." 아버지는 딸을 꼭 껴안고는 쪽배를 저어 망망대해로 나아간다. 이내 수평선 너머로 사라시너니 해가 서물도록 돌아오지 않는다. 제방에 가서 아버지를 기다렸다 돌아가는 날이 반복된다. 딸은 소녀가 되고 아가씨가 되었다가 중년을 거쳐 노인이 된다. 어느새 물이 가득하던 곳은 말라 바닥을 드러냈다. 다시 제방을 찾은 그녀는 저 멀리 보이는 누군가를 향해 뛰어간다.

6부

긍정하기와 다시 살아가기

우리 삶에는 수많은 드라마가 있다. 타인과 맺는 관계 안에서 기쁨과 보람을 느끼기도, 슬픔과 허탈함을 경험하기도 한다. 생각지도 못한 재난이나 사건을 겪으며 인생의 모퉁이를 크게 돌아가기도 한다. 친밀하고 소중한 존재를 잃으면 상실은 엄청난 고통이 되어 우리를 점령한다. 과거에 붙들려 한 치도 앞으로 나아가지 못한다. 그만큼 굳건한 슬픔의 땅에서 뚜벅뚜벅 걸어 나오기는 쉽지 않은 것이다.

그림책 속 주인공들은 어떻게든 살아낸다. 연약해진 마음과 몸을 추슬러 다시 우뚝 선다. 숨을 고르고 비척비척 일어나 대지를 딛고 나아간다. 그 과정이 얼마나 힘겨울까마는 때로는 삶에 대한 의지로, 사랑하는 이들과의 연대로 극복한다. 우리도 그렇게 할 수 있을까? 여기에 잘랄루딘 루미의 시 〈여인숙〉을 소개한다. 그림책을 읽기 전에 함께 낭독해 봐도 좋을 것이다.

인간이란 여인숙과 같다
매일 아침 새로운 손님이 도착한다

기쁨, 우울, 초라함,

몇 가지 순간적인 깨달음이
예상치 못한 손님으로 찾아온다

그들 모두를 환대해 즐겁게 하라
설령 그들이 한 무리의 슬픔이라서
그대 집을 난폭하게 휩쓸고
가구를 내가더라도
여전히 그들을 존중하여 대접하라
그들은 새로운 즐거움을 주기 위해
그대를 깨끗이 하는 것일 테니

어두운 생각, 부끄러움, 악의
그들 역시 문에서 웃으며 맞이하라
그리고 안으로 들이라

그 누가 방문하든 감사하라
각각의 손님은 저 멀리에서
안내자로 보내졌을 테니

비옥한 땅이 폐허가 되었을지라도

〈그대, 그곳에 있었다: 폼페이 유물전〉이라는 전시회를 친구와 보러 갔다. 고대 그리스와 로마 문명의 세례를 받아 화려하게 꽃피었던 남부 이탈리아의 고대 도시이자 번영과 쾌락 한가운데서 화산재에 무너져 버린 비운의 도시, 폼페이.

당시의 벽화와 낙서, 신화 속 인물을 표현한 조각상, 쓰러진 그대로 굳은 사람의 몸을 석고로 본떠 복원한 조형물을 보았다. 베수비오 화산 폭발을 상상해 만든 동영상도 관람했다. 동영상은 평온한 한 채의 집 위로 하늘이 어두워지더니 불씨가 날아드는 풍경으로 시작한다. 땅이 흔들리고 멀리서 화산이 폭발한다. 뜨거운 용암이 분출하고 하늘에선 엄청난 양의 흙과 돌이 비 오듯 쏟아져 내린다. 집은 이내 화염에 휩싸여 활활 탄다. 벽이며 천장이며, 집의 골조는 모두 소실되고 지붕도 날아간다. 집 안을 화려하게 장식하던 그림과 조각도 흔적 없이 사라진다. 남은 건 회색의 잿더미뿐이다.

집터의 형상만이 남아

폼페이는 서기 79년 8월 24일 '최후의 날' 이후, 지구상에서 소멸하고 사람들의 기억 속에서 완전히 사라졌다. 이후 1592년에 건물 일부와 회화 작품이 발견되었다가 1748년에는 어느 농부가 밭을 갈다가 우연히 로마 시대 유물 몇 점을 캐낸 것을 계기로 폼페이의 본격적인 발굴이 시작되었다. 광장, 목욕탕, 원형극장, 약국 등 당시 도시의 모습이 훤히 드러났다. 말 그대로 폐허였다. 벽과 담이 무너져 내린 자리에 주춧돌의 일부, 집터의 형상만이 남아 있었다. 그 안에 얼마나 많은 인생 드라마가 있었을까? 울고 웃고 절망하고 환호하는 인간의 삶에서 인간관계는 또 얼마나 복잡하게 씨줄 날줄로 얽혔을까? 뜨거운 용암의 열기 속에서 그런 것이 다 무슨 소용이었을까?

전시장에 서서 폼페이의 잔재를 보고 있노라니, 오래도록 친밀하게 지내던 사람과 헤어진 일이 생각났다. 그 사람을 잃어버림과 동시에 함께했던 시간에도 안녕을 고해야 했다. 공감하고 나누고 향유한 기억을 떠나보내며 아프고 힘들었다.

잔뜩 폐허가 된 내 마음이 저절로 그리 이끌렸던 걸까? 전시장을 나서는 길에 그림책 한 권이 떠올랐다.

이봐, '난다'는 게 어떤 건지 잊은 것 같네 《여우》

숲이 온통 붉다. 불에 활활 타고 있다. 이윽고 잿더미가 된 숲속에서 날개 다친 까치를 입에 물고 개 한 마리가 달려간다. 그러고는 자기 사는 동굴로 데려가 돌보기 시작한다. 까치는 다시는 날지 못할 거라고 절망하지만, 개는

《여우》 마거릿 와일드 글·론 브룩스 그림

자기 등에 올라타라고 제안한다. 그리고 숲을 달리기 시작한다. 바람이 깃털 속으로 스미자 기분이 좋아진 까치는 "날아라, 날아! 내가 너의 눈이 되어 줄게. 넌 나의 날개가 되어줘."라고 외친다.

묘목들이 땅 위에서 고개를 내밀 즈음, 여우 한 마리가 그들 앞에 불쑥 나타난다. 진한 붉은색 털은 타오르는 불길 같고 한껏 치켜뜬 노란 눈은 무언가에 사로잡힌 듯하다. 개는 여우에게 자기들과 함께 지내자고 말한다. 하지만 까치는 사시나무처럼 몸을 떨며 뒷걸음친다. 여우가 자신의 다친 날개를 뚫어져라 쳐다보고 있기 때문이다.

셋이 함께 지내게 된 동굴에서 개가 곤히 잠든 어느 날 밤, 여우가 다가오더니 자기는 개보다 훨씬 빠르게 달릴 수 있다며 함께 떠나자고 까치를 꼬드긴다. 하지만 까치는 단호하게 거절한다. 절대로 개를 떠나지 않을 거라고. 다음 날 여우는 진짜 '난다'는 게 어떤 건지 보여주겠노라고 속삭인다. 그래도 까치는 변함없다. 세 번째 유혹이 왔을 때 까치는 더 이상 저항하지 못하고, 둘은 잠든 개를 뒤에 남기고선 길을 나선다.

여우가 땅을 박차고 전속력으로 달리자 까치는 환희에 차서 드디어 하늘을 날고 있다며 환호성을 지른다. 그렇게 둘은 평야와 밭을 질주해 태양이 이글거리는 광막한 사막까지 내쳐 달려간다.

드디어 여우가 멈춰 선 곳은 붉은 사막 한가운데. 잠시 침묵이 흐른다. 그러다 여우가 마치 몸에 붙은 벼룩이라도 떼어내듯 몸을 흔들어 까치를 등에서 떨쳐낸다. 터벅터벅 몇 발짝 가더니 홱 뒤를 돌아 까치를 본다. 아, 도대체 어떻게 된 일일까? 조금 전까지만 해도 둘만의 이상향을 향해 나는 듯 달렸는데. 혹시 까치의 착각이었을까?

빈터에서 다시 시작하기

어린이가 주 독자인 그림책에서는 쉽게 만나기 힘든 이야기다. 그림 또한 매우 강렬하다. 붉은 털을 가진 여우가 노랗고 사특한 눈을 빛내며 독자를 노려보듯 정면을 주시하는 표지 그림부터 그렇다. 불에 탄 까치의 한쪽 날개가 허옇게 드러나 있고, 개의 한 쪽 눈 또한 동공이 빠진 듯 허여멀겋다. 세 등장인물이 놓이는 배경은 불타는 숲과 폐허, 서늘한 숲과 동굴, 열기로 가득한 붉은 사막 등이다. 투박한 선으로 윤곽을 그리고 오일, 아크릴, 수채물감을 여러 번 덧바르고 끌로 긁어 거친 야생의 느낌을 극대화했다.

무엇보다 주목해야 할 것은 텍스트를 화면에 삽입한 방식, 즉 '레터링'▒이다. 그림작가인 론 브룩스는 마거릿 와일드가 쓴 글의 느낌을 최대한 살리려고 무척 고심했다고 한다. 여러 번의 시도 끝에 오른손잡이인 그가 왼

▒ Lettering: 그래픽 디자인의 중요한 구성요소인 문자를 의미 전달이라는 기능과 아름다움이라는 미적 요소를 고려하여 쓰는 것 또는 그렇게 쓰인 문자를 말한다.

손으로 글씨를 쓰고 글의 배치를 가로, 세로 등으로 어지럽혀 의도적으로 가독성을 떨어뜨렸다. 인물들이 느끼는 불안, 혼란, 고통을 전달하려는 의도에서였다고 한다.

전시회에 동행했던 친구는 이 작품의 그림을 유심히 보고 여러 번 글을 읽더니 "뭔지 모르지만 엄청나네. 등장인물을 동물이 아니라 인간으로 본다면 삼각관계도 나오고 사랑과 배신도 있고. 이게 그림책 맞아?" 반문했다. 아닌 게 아니라 여덟 살 어린이부터 팔십 대 노년 독자에 이르기까지 여러 사람이 이 문제적 그림책에 대해 다양한 의견을 쏟아내곤 한다. 나는 이 한 권의 그림책이 가진 파급력에 대해 항상 놀란다.

이 작품에는 상실과 상처, 만남과 위로, 사랑과 우정, 유혹과 배신, 깨달음과 희망의 메시지가 매우 문학적으로 표현되어 있다. 이를테면 "어느새 동굴 속은 여우의 냄새로 가득 차 버렸어. 분노와 질투와 외로움의 냄새였지.", 까치를 사막에 버리고 여우가 떠난 뒤 "아주 먼 곳에서 날카로운 울음소리가 들려왔어. 승리의 소리인지 절망의 소리인지는 알 수 없었지."와 같은 문장들이다. 의미로 가득하고 은유로 충만하다. 어른은 어른대로 아이들은 아이들대로 이야기를 바라보는 시선이 다 다르다.

유독 어린이들은 "그래서 여우가 어떻게 되었는데요?"라고 많이 물어본다. 사막에서 사라진 뒤 다시 등장하지 않는 여우, 그리고 어쩌면 다시 해후할지도 모를 개와 까치의 앞날이 몹시 궁금한 것이다. 십 대들은 "A랑 단짝이었는데 B가 전학 와서 셋이 친구가 되었다가 이상하게 관계가 꼬였어요."라고 자신의 경험을 얘기하기도 한다.

세상에서 가장 어려운 인간관계. 친밀한가 싶으면 어느새 멀어지고, 절대로 배신할 것 같지 않은 친구가 날 버리고 떠나기도 한다. 상대가 싫어 내 편에서 내치기도 하고 느슨해진 관계를 일방에서 바짝 당기기도 한다. 화산재가 덮치듯 예기치 않은 일이 닥치면 관계는 망가지고 함께 머물던 곳에는 재만 남는다. 그 후엔 어떻게 하면 좋을까? 역사의 뒤안길로 사라진 도시 폼페이처럼 그 사람과 함께 한 기억을 지우고 과거 따위는 잿더미 속에 묻어 버릴까? 뜨거운 사막 한가운데서 차라리 죽는 게 나을 거라 절망하는 까치처럼 생의 의지를 놓아버릴까?

그림책은 어찌할 수 없는 절박한 순간에도 지키고 싶

은 가치를 잊지 말라고 당부하는 듯하다. 까치의 마지막 몸짓이 그걸 보여준다. 이미 벌어진 일에 끝없이 마음 아파하거나 자책하는 대신 지금 내가 할 수 있는 일을 생각하라고, 다친 날개로도 퍼덕여보라고 한다. 그간 가졌고 잃었고 맺었고 풀었던 모든 관계를 그대로 긍정하고 빈터에서 다시 시작하라고.

폼페이는 잊힌 도시이지만, 후대의 우리는 그 비극의 역사를 마주하며 두 가지 키워드를 길어 올릴 수 있다. '메멘토 모리' 그리고 '카르페 디엠Carpe Diem(현재를 살아라)'. 우리는 살아 있으니, 폐허에서 다시 시작해도 좋으리라.

평온한 일상에서 거센 돌풍을 만났던 그대에게

몇 년 전 거제도에서 연락이 왔다. 그림책을 좋아하고 웰다잉에 관심이 많은 중노년 몇 사람이 모였는데 와서 강의도 하고 모임을 이끌어달라고 했다. 먼 거리지만 기쁘게 응낙하고 달려가 보니 참여자들의 연령, 성별, 직업이 참 다양했다.

삶과 이별, 죽음과 애도에 관한 그림책을 다루기로 하고 몇 권을 깊이 있게 읽었다. 작품에 관한 해석과 의견 교환이 활발하게 오가다가 몇 사람이 자기 경험을 말하기 시작했다. 살면서 힘들게 돌았던 모퉁이, 애쓰며 올랐던 험한 산길, 홀로 감내하며 바람 부는 벌판에 서 있던 시간, 세차게 몰아치는 비바람을 온몸으로 맞던 때에 관한 이야기였다. 아직도 생생하게 기억에 남아 꼭 오늘처럼 느껴진다고들 했다. 다른 사람의 이야기를 들으면서 "그대가 겪은 일이 꼭 내 일 같아요." 하는 이들도 적잖았다. 모임이 거듭될수록 이야기는 깊어지고 결속은 단단해졌다.

개인의 경험이 공감의 마당으로

그림책을 매개로 삶과 죽음, 다시 살아감의 이야기를 나누는 경험은 특별하다. 그림책 안에 펼쳐진 내용과 인물이 허구일망정 그 안에 깃든 진실성에 마음이 움직이고 내 삶에 빗대어져 새롭게 해석된다. 또한 모두의 경험으로 확장되면서 공감이 일어나기도 한다.

깊이 있는 나눔은 주로 소모임에서 생겨나는데, 어디서도 말하지 못한 이야기를 봇물 터지듯 쏟아내느라 말하는 사람은 볼이 붉어지게 마련이다. 듣는 이들은 고개를 끄덕이다가 때로는 눈시울을 붉히기도 한다. 가끔은 아무 말도 오가지 않는 순간이 있는데, 강사인 나는 그럴 때면 얼른 무슨 말이라도 해야겠다는 강박관념에서 벗어나 함께 침묵 속에 머무른다. 그런 순간이야말로 마음에서 마음으로 무언의 교신이 오가는 보석 같은 시간이기 때문이다.

같은 시간과 공간에서 서로의 마음이 활짝 열려 공감하는 경험은 그림책이 우리에게 주는 커다란 선물이다. 거제도의 모임은 장장 육 개월간 계속되었다. 참여자들뿐 아니라 나에게도 잊지 못할 경험이었다.

번개 치는 밤에도 우린 함께였어요
《기억나요?》

엄마와 아들이 침대에 나란히 누워 있다. 빛이 없는 밤, 어둠 속이다. 엄마가 아들에게 말을 건다. "기억나니?" 페이지를 넘기면 밝은 낮의 정경이 여섯 개의 작은 그림으로 펼쳐진다. 엄마는 들판으로 세 식구가 소풍 나간 날이 생각나느냐고 묻는다. 아들은 기억한다고, 참

《기억나요?》 시드니 스미스 글·그림

좋은 날이었다고 대답한다. 이윽고 아들이 아련한 눈빛으로 엄마에게 묻는다. 제 생일 기억나요? 엄마가 자전거 잡은 손을 몰래 놓는 바람에 내가 넘어졌잖아요. 엄마가 답한다. 그럼, 건초 더미에 넘어져 크게 웃던 너를 기억하고말고.

두 사람은 계속 지난 기억을 소환한다. 비바람 치던 날에 번개와 천둥이 요란했던 것과 엄마가 램프를 들고 이층으로 올라왔던 걸 회상한다. 그리고 집을 떠나던 날에 짐을 꾸려 픽업트럭에 싣고서 둘이 먼 길을 달렸던 것,

고속도로의 소음과 달리는 차들의 엄청난 속도, 도중에 길을 잃었던 일을 생각한다. 도란도란 이야기를 나누는 사이에 밤이 조용히 깊어져 간다. 두 사람이 누운 침대 맞은편에 잔뜩 쌓여 있는 짐이 보인다. 초록색 램프, 작은 의자, 탁상시계, 성글게 짜인 바구니, 램프, 빨간 자전거와 곰돌이 인형이 아직 제자리를 찾지 못한 듯 벽 쪽으로 기대어 대충 부려져 있다.

이윽고 아들은 새벽의 희미한 빛 속에 몸을 일으킨다. 창문을 열자 환한 아침 햇살이 쏟아져 들어온다. 그는 엄마에게 "이것도 기억하게 될까요?"라고 묻는다. 언젠가 새집에서의 첫날을 기억하냐고 물어보게 될 것이라고 말한다. 그리곤 "도시 위로 해가 떠오르는데, 마치 마법 같았어요. 걱정하지도 두려워하지도 않았어요. 우린 잘 지낼 줄 알았으니까요."라고 말할 것이라고도 한다.

말을 마친 아들은 엄마를 돌아본다. 엄마는 베개를 베고 누워있다. 침대 위에, 빛과 그늘이 교차하는 그 속에.

괜찮다, 다 괜찮다

이 작품을 쓰고 그린 시드니 스미스는 캐나다 작가로 2024년에 한스 크리스티안 안데르센 상을 받았다. 인물의 심리 묘사에 탁월하며 빛과 어둠, 바람을 포착하여 표현하는 작가로 유명하다. 그림책《기억나요?》에는 방 안의 어둠, 햇빛이 찬란한 들판과 나직이 가라앉은 늦은 오후의 빛, 전기가 나가 암전된 집 안, 눈 내리는 날의 어스레한 하늘 등이 잘 그려져 있다. 인물의 얼굴에 서린 빛과 어둠의 대비도 섬세하다. 게다가 페이지를 천천히 넘기다 보면 모자가 누워 있는 방이 컴컴한 어둠에서 시작하여 점차 밝아지다가 눈 부신 햇살 속에 놓이는 걸 보게 된다.

이런 감각적 묘사와 더불어 작가는 많은 대사가 나올 만한 장면에서 오히려 고요를 불러일으킨다. 말 없는 말 속에서 읽는 이가 대신 느끼도록. 이 작품에서는 두 사람이 침대 맞은편을 바라보는 장면과 아들이 아침 창가에 서 있는 장면에서 잠시 침묵이 흐른다. 명암이 교차하는 얼굴로 엄마를 돌아보는 장면도 마찬가지다. 실제로 작가는 "글이 없는 침묵의 순간을 사용해 중요한 장면마다 구두점을 찍어나간다. 말 없는 순간이야말로 중요한 순간이다. 이러한 공명은 독자에게 강렬히 다가간다."라고 말한 바 있다.

작가는 또한 이 그림책을 단 한 명의 독자, 자신의 어머니를 위해 만들었다고 밝혔다. 책 속의 이야기는 작가 자신의 체험이기도 하다. "기억이 나에게 어떤 의미인지 궁금했다. 어린 시절 내 가족이 겪었던 일과 부모가 헤어진 일을 다시 돌아보고자 했다. 기억은 보편적이면서도 개별적이어서 우리 각자의 기억을 타인과 오롯이 공유하긴 힘들지만, 나의 어머니 혹은 가족과 얽힌 기억을 말함으로써 독자들도 자기 기억을 돌아보길 바랐다."라고 했다. 그러니까 이 작품은 작가의 기억에 선명히 아로새겨진 어린 시절에 대한 회고이자 진솔한 내면의 고백인 셈이다.

거제도 모임에서 유독 이 책을 오래 함께 봤다. 두 모자의 이야기가 읽을수록 가슴을 울렸다. 까닭을 알 수 없는 가족의 이별, 집 떠남, 길 위에서의 곤란, 낯선 곳에서의 첫날 밤 그리고 추억을 소환하는 두 사람의 대화가 애틋해서 여러 번 이야기 나누고 오래도록 곱씹었다.

모두 자신의 삶을 돌아보며 아직도 선명하게 떠오르는 기억에 대해 고백했다. 천주교 사제가 되려다가 꿈을 접었던 젊은 날, 아이들이 어렸을 때 트럭으로 전국 각지를 여행했던 일, 한평생 고생만 하다 돌아가신 아버지와의 일화, 치매에 걸린 아내와의 추억 등.

그림책 속의 엄마와 아들이 어두운 방 안에 누워 지난날을 복기하자니 삶에 힘든 일만 있던 건 아니었다. 산딸기를 맛있게 먹던 순간이 있었고, 자전거를 타다 넘어져도 마냥 즐거울 때가 있었다. 악천후에 전기가 나가 램프 들고 어두운 방에 찾아온 엄마가 더욱 좋았던 날도 있었다. 가족은 평온했고 삶에는 별일 없었다. 그럼, 지금은? 엄마와 함께 있으니 포근하다. 이불 바깥으로 나란히 발가락을 내밀고 꼼지락거릴 수 있으니 행복하다. 언젠가는 이날도 추억하게 되리라. 아들의 말대로 언젠가 "걱정하지도 두려워하지도 않았어요. 우린 잘 지낼 줄 알았으니까요."라고 말하게 되리라.

어둠 속에서 이런 희망을 보다니, 소년이 참 대견하다고 참여자들이 말했다. 어려움을 만나더라도 대범할 수 있다면 괜찮아질 거라고 입을 모았다.

평온하고 평범한 일상에서 거센 돌풍을 맞닥뜨렸던 우리, 이제는 한결 누그러진 마음으로 달콤한 잠을 청해도 되지 않을까? 모두 잘될 거라는 희망을 안고 사랑하는 이 곁에 누워봐도 좋지 않을까? 햇살이 비치는 아침이라도 괜찮다. 해가 중천에 뜬 대낮이라도, 별 총총한 한밤중이라도 다 괜찮다. 우리 모두 그럴 수 있기를 진심으로 응원한다.

다시 살아가도록 하는 한 마디

초등학교 시절의 나는 나무랄 데 없는 어린이였다. 여기서 '나무랄 데 없다'는 건 다분히 어른들의 시각에서 그랬다는 거다. 부모님이 뭘 하라고 하면 했고, 하지 말라면 안 했다. 학교에서도 마찬가지로 온순하고 모범적이었기 때문인지, 1학년 코흘리개 시절을 빼고는 5년 내내 학급 반장을 도맡았다. 하지만 내겐 치명적인 단점이 있었다. 심하게 수줍음을 타는 내성적 성격의 소유자라는 것. 조례와 종례 때에 "전체 차렷! 경례!"조차 제대로 외치지 못하는 나를 위해 담임선생님은 방과 후 '정확히 발음하기'와 '목청껏 외치기'를 연습시켰다. 그것으로도 모자라 집 근처 웅변학원도 병행해야 했다. 작은 주먹을 부르쥐고 "이~ 연사, 힘주어 외~칩니다!"를 매일 질러 댔다. 하지만 남들 앞에서 무언가를 말하거나 발표하는 건 성인이 되어도 변함없이 고역이었다. 입을 열면 생각과 다른 말들이 떠듬떠듬 흘러나왔고 그마저도 모기 소리만큼 작아서 듣는 이들이 "네? 네? 뭐라고요?"를 연발하게 했다. 말하기는 정말이지, 너무 어려웠다.

ㄷ과 ㅈ 사이의 간극

세월이 흐르는 사이에 말이 다소 늘기는 했다. 삶의 경험과 인간관계의 폭이 넓어졌기 때문이다. 더구나 마흔 살부터는 사람들 앞에서 강연을 해야 해서 어느 정도 말을 할 줄 알아야 했고, 기왕이면 잘해야 했다. 그래서 무던히 노력했지만 충분치는 않았다.

그러다 몇 해 전 우연히 알게 된 대학교수와 의기투합해 함께 일을 도모한 적이 있다. 프로젝트를 진행해 보자고 점심 약속을 잡았는데, 교수는 자신의 지인도 그 자리에 부르겠다고 했다. 약속한 당일 막 집을 나서려는데 초인종이 울렸다. 가스 검침원 아주머니였다. 금방이면 끝날 일이라 들어오시라 했는데, 잠시 후 외마디 비명이 들려왔다. 아주머니가 허리를 부여잡고 주저앉아 있었다.

"아이고, 얼마 전에 척추협착증 시술한 게 덧났는갑소."

그녀는 숫제 바닥을 구르다시피 했다. 나는 우왕좌왕하다 119에 연락했고, 약 이십 분 뒤에 아주머니는 병원으로 이송됐다. 약속에 늦게 된 나는 교수에게 문자를 보냈다. "급한 사정이 생겨 조금 늦습니다. 죄송하지만 두 분이 잠시 환담하고 계세요."

한바탕 난리를 치른 뒤에 약속 장소로 갔더니 교수가 나를 보고 푸실푸실 웃었다. 지인이라는 분도 입술을 말아 물고 억지로 웃음을 참고 있었다. 곧 그러한 환대의 전모가 밝혀졌다. 정신없는 와중에 나는 다음과 같이 문자를 보낸 것이었다. "… 조금 늦습니다. 두 분이 잠시 환장하고 계세요." 아뿔싸, 어린 시절에 그렇게나 말을 못해 고역이었는데 이제는 글 실수까지! "손 선생이 그러라고 해서 우리 둘이 정말 환장하고 있었어." 두 사람은 아주 즐거운 얼굴이었다.

아, 말의 한 끗 차이. 휴대폰 자판의 인접한 'ㄷ'과 'ㅈ'의 대참사. 나는 몹시 당황했지만, 이 우스꽝스러운 해프닝이 긴장을 풀어주었기 때문인지 일 얘기는 수월하게 풀렸다. 게다가 유머 감각이라곤 없는 내가 상대방에게 한 움큼의 웃음을 선사하고 관계가 조금이라도 부드러워졌다면야, 뭐 나쁘지 않은 일이었다. 그날 깨달았다. 말(글)에는 힘이 있구나!

상황을 전복하는 말의 힘 《엄마가 만들었어》

더벅머리가 귀여운 주인공 '요시후미'는 눈빛이 초롱초롱한 초등학교 3학년 소년이다. 아빠는 돌아가시고 엄마, 누나와 함께 알콩달콩 살아간다. 요시후미의 엄마는 재봉틀로 옷을 짓는 사람으로 아들이 청바지를 입고 싶어 하거나 체육복이 필요한 것 같으면 그 자리에서 후루룩 만들곤 한다. "엄마가 재봉틀로 만들어 줄게. 엄마는 뭐든지 만들 수 있어."라고 말하면서. 다만 검도복 바지를 만드는 천으로 청바지를 만들고 와이셔츠처럼 반들반들한 천으

《엄마가 만들었어》 하세가와 요시후미 글·그림

로 체육복 윗도리를 만드는 게 문제다. 덕분에 요시후미는 학교 친구들에게 웃음거리가 된다.

한번은 엄마가 가방을 만들어주면서 아들의 이름을 엉뚱하게도 '요시오'라고 수놓는다. 그럴 만한 사연이 있다. 아빠가 돌아가시자 친척들이 모였는데 요시후미의 이름이 안 좋아 그런 거라며, 자기들 멋대로 '요시오'로 바꿔버린 것이다. 이래저래 친구들 사이에서 주눅이 드는 요시후미다.

어느 날, 학교에서 아빠 참관수업 안내문이 오자 엄마

가 말한다. "엄마가 갈게." 하지만 요시후미는 질색하며 안 와도 된다고 창피하다고 말한다. 자기도 다른 애들처럼 아빠가 왔으면 좋겠다고, 뭐든 만들 수 있다고 했으니 아빠 만들어 달라고 쏘아붙이기까지 한다. 엄마는 슬픈 얼굴로 "미안하다. 엄마 재봉틀로 아빠는 만들 수 없어." 라고 대꾸한다. 세 식구는 '모래 맛'이 나는 밥을 꾸역꾸역 삼킨다. 드디어 아빠 참관수업 날, 아무도 오지 않으리라 생각한 요시후미는 뒤를 돌아보고 그만 숨이 멎는 것 같다. 앗, 도대체 이게 무슨 일이야!

누군가 인생의 겨울을 지날 때

요시후미의 아버지가 무슨 연유로 가족 곁을 떠났는지는 모른다. 하지만 그 일로 단란했던 가정이 크게 흔들렸을 것이다. 아이들은 아버지를 잃었고 아내는 남편을 잃었다. 앞길이 구만리 같은 어린아이 둘을 홀로 책임지게 된 엄마는 어떤 심정이었을까? 엄마는 생계 수단으로 재봉틀을 택했다. 그리고 뚝딱뚝딱 뭐든 만들어

내기 시작했다. 비록 의도했던 바와 달리 아들을 난처하게 하곤 했지만.

하지만 어머니로서의 그녀의 진짜 강점은 '말'에서 드러났다. 어쩌면 그건 자기도 모르게 은연중에 내뱉어진 말이었을 것이다. 아빠를 잃은 아이들을 섣불리 다독일 말도, 자신을 격려하고 앞으로 나아가게 할 힘도 찾을 수 없는 시간 속에서 불현듯 튀어나온 한마디가 아니었을까? "엄마가 만들었어." 실로 많은 의미를 담은 것이었다. '아빠 빼고는 뭐든 만들 수 있는' 재봉틀로 아빠 그 이상의 무엇을 만들어 낸 엄마의 말, 엄마의 사랑이었다.

쉽게 생채기 날 수 있는 아이 마음에 반창고처럼 척 와서 붙는 "엄마가 만들었어."라는 말에는 실로 단단한 힘이 서려 있어 식구들 마음에 자칫 그늘을 드리울 수 있는 상황을 전복한다. 아버지가 부재한 가정의 쓸쓸한 분위기를 걷어내고 건강한 자존감을 가질 수 있도록 아이를 곧추세운다. 이런 엄마를 가졌으니 요시후미는 행운이다. 이 아이는 아마도 강건한 어른으로 자라나 또 다른 이에게 따뜻한 품을 내어주고 아픔을 어루만져 줄 것이다.

책을 읽은 어린이들에게 이제껏 어른에게 들은 말 중

가장 좋은 말이 무어냐고 물었더니 "수학 실력이 많이 늘었구나. 정말 멋져.", "동생을 보살펴주다니 참 좋은 형인걸.", "내성적인 성격은 나쁜 게 아냐. 꼼꼼해서 좋지." 등이라고 했다. 가정이나 학교에서 문제가 생겼을 때 "괜찮아, 네 잘못이 아니야."라는 말에 힘이 났다고도 했다. 주로 노력한 일에 대한 칭찬, 아이의 성향에 대한 인정, 실수를 어루만지는 따뜻한 격려의 말이었다.

수줍고 말을 못 해 힘들었던 내 어린 시절을 다시 소환해 본다. 여전히 힘겨웠던 청년 시절을 뒤돌아본다. 문제는 목소리나 발성, 문장의 논리와 같은 말하기 기술이 아니었다. 학교에서의 구령이나 웅변학원에서의 원고 읽기는 그저 매뉴얼대로 하면 되었다. 의견을 피력해야 하는 자리에서는 말의 논리와 설득력이 필요했지만, 그 또한 연습하면 나아졌다. 하지만 말에 따르는 비언어적 행위, 즉 눈빛이나 제스처 등에 진심이 실리지 않아서 문제였다. 강의 현장에서 나는 어느 정도 능숙하게 설명하고 토론을 이끌곤 했지만, 참여자들의 의견에는 건성으로 고개를 끄덕이거나 사족 같은 첨언을 할 뿐이었다. 어쩌면 내가 만든 '강사로서 말하기' 매뉴얼에 불과

했을지도 모르겠다.

하지만 웰다잉을 공부하고 사람들과 그림책으로 이야기를 나누면서 나는 조금씩 달라졌다. 죽음, 이별, 상실의 경험을 들으면서 저절로 상대의 눈빛을 읽고 마음을 헤아려보게 되었다. 그리고 살면서 겪은 아픔과 상처를 나도 이야기할 수 있게 되었다. 말과 몸짓이 서로에게 전해지면서 마음이 오갔다. 공감과 연민이 일어나면서 함께 눈물을 흘리기도 했다. 이제는 말이란 게 무엇인지, 거기에 어떤 치유의 힘이 있는지 조금은 알 것 같다.

삶의 위기를 겪을 때마다 좋은 친구들과 다정한 이웃들이 나에게 말해주었다. "너는 최선을 다했어. 잘 살아왔어.", "이제 꽃처럼 살아." 이 모든 말들이 나를 살렸다. 슬픔에 허덕이던 좌절의 순간에도 어깨를 펴게 해주었다. 이제 누군가 마음을 앓고 있을 때, 인생의 겨울을 지나고 있을 때 "엄마가 만들었어."처럼 마법의 주문과도 같은 말 한마디를 해주고 싶다.

여러분은 누군가에게서 이런 마법 같은 말을 들어보거나 해주었던 적이 있는가? 만약 없다면 먼저 해보자. 말에는 힘이 있다.

조금은 넉넉한 마음으로, 가슴을 열고

어느 지역의 국립교도소에서 연락이 왔다. 교정 교육 담당 교도관이 말하길, 재소자들을 대상으로 지난 삶을 돌아보고 앞으로의 생을 설계하는 일환으로 '자서전 쓰기' 프로그램을 계획 중이라고 했다. 본인의 어린 자녀에게 그림책을 읽어주다가 '혹시 그림책으로 이 프로그램이 가능할까?' 하는 생각이 들었단다. 인터넷 포털사이트를 뒤져 내 연락처를 알아냈다고, 강의를 해줄 수 있겠느냐고 물었다. 잠깐 주저하다 승낙했다. 일전에도 교도소 워크숍을 한 차례 진행해 본 터였다.

누구나 실수하며 산다

청년층부터 중·장년층의 남성 재소자들만 이십여 명이 모인 자리였다. 첫날부터 서로의 마음이 열릴 리 없었다. 게다가 코로나가 엄중한 때라 마스크를 쓰고 있어선지, 나를 바라보는 그들의 눈빛이 형형해 보였다. 기세 좋게 찾아간 것과는 다르게 마음이 졸아들었다. '웰다잉'이니 '그림책'이니, 이분들에겐 생뚱맞은 주제일 거라 생각하니 식은땀이 났다.

점점 목소리가 잦아들다가 나도 모르게 "자서전 쓰기에서는 즐거웠던 기억과 더불어 과거의 실수와 잘못을 돌아봅니다. 회한의 심정을 적기도 하고요."라고 말했다. 아뿔싸, 등줄기가 서늘했다. 발실수를 한 게 아닐까? 이분들을 위한 '맞춤 강의'를 준비해야 했는데…. 당황한 기색이 그대로 드러났는지 앞줄에 앉은 한 분이 말했다. "긴장 풀고 얘기해요. 우리 그렇게 나쁜 사람들 아니에요. 모두 한순간 실수한 탓이지."

아, 그 말에 하마터면 주저앉을 뻔했다. 맞아요, 살면서 실수는 누구나 하는 건데. 여러분이 어떤 죄목으로 여기 앉아 계시든, 정도의 문제지 인생에서 완전히 결백한 사람은 없을 텐데…. 물론 입으로 뱉지 못하고 마음 속으로만 생각한 말이었다. 그들의 눈빛이 조금 누그러져 보였다.

이런 일이 내게 일어날 줄이야 《청소기에 갇힌 파리 한 마리》

파리 한 마리가 하늘을 날아다니다 어느 집 울타리 안으로 들어간다. 마당에는 '나폴레옹'이란 이름을 가진 개가 있다. 파리가 집 안으로 날아 들어가자, 개가 줄레줄레 뒤를 따른다. 파리는 화장실과 부엌과 침실을 거쳐 거실에서 멈춘다. 그리고 커다란 지구본 위로 냉큼 올라가 앉는다. 그때 갑자기 진공청소기가 다가오더니 나폴레옹의 작은 강아지 모양 인형(애착 인형)을 빨아들이고 지구본 위에 앉은 파리마저 슈욱 흡입한다.

청소기 안으로 빨려 들어간 파리는 방금 무슨 일이 일어난 건지 어안이 벙벙하다. 주위는 온통 새까만 어둠뿐.

《청소기에 갇힌 파리 한 마리》 멜라니 와트 글·그림

여긴 어디, 나는 누구?

이제 파리의 심경 변화에 따라 이야기는 단계별로 나뉘어 진행된다.

“파리의 마음 1단계: 부정-불쾌한 현실 완전 삭제.” 자욱한 먼지 속에 누워있자니 꽤 아늑하다. 하지만 지나치게 조용하고 불빛도 없는 게 수상하다. 혹시 깜짝 파티? 아니, 아무래도 갇힌 것 같은데…. 파리는 자기 몸을 꼬집어 본다. “아얏!” 하는 소리를 청소기 옆에 누워있던 나폴레옹이 듣는다. 자기 애착 인형이 내는 소리가 아닐까 생각한다.

“파리의 마음 2단계: 타협-새로 태어날 당신을 위해! 문제를 씻어버리세요!” 파리는 갑자기 청소기에게 사정하기 시작한다. 이제부터 착하게 살게요. 오늘 밤엔 친구랑 선약이 있으니 저를 뱉었다가 다음 주 월요일에 다시 빨아들이시면 안 될까요? 간곡한 마음으로 편지까지 써 보지만 별무소용.

“파리의 마음 3단계: 분노-휙휙 저어 후다닥 데우세요! 아무렇게나 빨리 드세요.” 아무런 응답이 없자 파리는 화가 머리끝까지 치민다. 당장 여기서 꺼내달라고 소리친다. 탄산음료 뚜껑을 방패 삼고 헤진 면봉을 무기 삼아 아무 데나 돌진한다. 쾅, 우지끈, 퍽…. 나폴레옹은 애착 인형을 구해내기 위해 청소기 흡입구를 물어뜯기 시작한다.

“파리의 마음 4단계: 절망-불행하게 끝나는 완전 불공평한 이야기.” 파리는 자기 삶은 엉망이 되었고 예전으로 돌아가긴 글렀으며 이제 미래라곤 없다고 읊조린다. 나폴레옹도 망가진 청소기 옆에 배를 깔고 누워 눈물짓는다.

"파리의 마음 5단계: 수용-부드럽고 편안해요." 파리는 드디어 백기를 든다. 아무것도 바꾸려 하지 말고 지금 가진 것에 감사하자고 마음먹는다. 그러고는 나폴레옹의 애착 인형 귀에 몸을 기댄다. 밖에서 눈물을 떨구던 나폴레옹은 간식이라도 먹으려는지 발걸음을 옮긴다. 그때, 갑자기 청소기가 스르르 움직이기 시작한다. 먼지 풀풀 나고 망가진 청소기를 주인이 갖다 버리려는 모양이다. 결국 청소기는 청소차에 실리고 만다. 무심코 지구본 위에 발을 걸쳤다가 운명이 뒤바뀐 파리는 어찌 될까?

인생이란 그런 거지

느닷없이 청소기에 빨려 들어간 파리 한 마리가 만나게 되는 상황 그리고 그의 감정이 변모하는 다섯 단계를 재치 있게 그린 작품이다. 죽음학 연구의 대가 엘리자베스 퀴블러 로스가 정립한 '죽음을 받아들이는 5단계(부정-분노-타협-우울-수용)'를 파리의 운명에 빗대어 재미있게 풀어냈다. 이는 비단 죽음에만 국한되지 않고 슬픔이나 상실을 겪는 과정에도 비슷하게 적용된다.

1926년, 스위스에서 태어난 로스 박사는 제2차 세계대전 후 유대인 수용소에서 자원봉사를 하며 삶과 죽음의 의미에 관해 공부하기로 결심했다. 이후, 죽음을 앞둔 환자 수백 명과 대화를 나누면서 그들이 겪는 심리적 변화를 단계적으로 정리해 《죽음과 죽어감》에 실었다. 결국 '어떻게 죽느냐'가 인간의 삶을 의미 있게 완성하는 중요한 문제임을 주창한 것이다.

강의를 나갔던 네 번째 시간에, 재소자 한 사람이 글에서 고백했다. 자신이 범죄를 저지르고 감옥에 수감되기까지의 시간이 가장 어두운 터널에 갇힌 때였으며 의도한 일이든 우발적인 감정의 분출이든 돌이킬 수 없는 일을 벌인 뒤엔 끝없는 절망과 분노, 회한에 사로잡혔다고. 한 줄기 빛조차 기대하기 힘든 시간이었단다. 하지만 교도소에서 자신의 행위와 지나간 시간 전체를 돌아보게 되었다고 담담히 적었다. 그림책 속의 주인공이 그랬듯이 먼지가 자욱한 혼란 속에서 비로소 무언가를 대면하고 심경의 변화를 경험하게 된 걸까?

사람은 누구나 끊임없이 변화하는 상황과 마주한다. 어제를 영원히 반복해 사는 이는 없고 오늘과 똑같은 내일을 끝없이 맞이하는 사람도 없다. 우리를 둘러싼 상황은 살아있는 유기체처럼 날마다 얼굴을 바꾸고, 내 생각과 감정도 덩달아 요동친다. 어느 날엔 기쁘고 행복해서 환호성을 지르고 어떤 날엔 절망한다. 꽤 오랜 시간 괴로움에 사로잡혀 있다가도 언제 그랬냐는 듯 크게 웃기도 한다. 우리는 그렇게 알다가도 모를 인생에 영원한 물음표를 찍는다.

이 그림책을 함께 보면서 누구나 어두운 터널을 경험한다는 걸 알게 되었다. 지금 느끼는 어려움이 영원하지는 않을 거라는 것도 새삼 배웠다. 혹시 지금 고통의 구간을 통과하고 있더라도 너무 좌절하지 말자고 서로 격려했다. 터널 위쪽 어디선가 서광이 비쳐 다시 신선한 빛과 공기 속으로 날개를 펼치게 될지도 모르니 말이다. 특히 칠십 대 이상 어르신들과 얘기를 나누면 이 부분이 선명해진다. "이런저런 어려움을 겪었지만, 지금이 젤 행복하다. 포기하지 않고 살아있길 잘했다."라고 적잖은 분들이 말씀하신다.

중요한 건 '긍정하기'와 '있는 그대로 받아들이기'. 로스 박사는 자신의 다른 저서에서 "처음부터 끝까지 삶은 각자에게 주어지는 시험과 도전으로 이루어진 학교."라고 말했다.

상황은 달라지고 나는 변모할 수 있음을 믿고 그저 묵묵히 길을 가도 좋으리라 생각한다. 이 세상 마지막 날에 뒤를 돌아보며 "이만하면 괜찮았네. 잘 견디고 열심히 살아냈어." 하고 뿌듯해할 수 있으리라. 길다면 긴 인생길에서 한두 번 발을 잘못 디뎌도 괜찮다. 결국 그것 또한 내 인생의 베틀 위에서 씨줄 날줄로 엮여 한 벌의 멋진 옷감을 자아낼 테니까.

과거를 받아들이고
오늘을 살기

이십 대의 어느 여름, 친구들과 괌에 놀러 갔다. 괌에서는 해양스포츠를 해야 한다고 다들 말했다. 서핑, 제트스키, 스쿠버다이빙 등 보기엔 멋지지만 무엇 하나 무섭지 않은 게 없었다. 나로 말하자면 놀이공원의 '바이킹'을 한 번 타고 혼이 나갔던 사람이다. 더구나 수영도 하지 못한다.

다른 건 모두 손사래를 치고 울며 겨자 먹기로 택한 게 '바나나 보트'였다. 명색은 보트지만 슈퍼사이즈 바나나처럼 길고 거대하게 생긴 튜브로 승객은 그 위에 앉아 허술한 끈 하나를 손으로 붙들 수 있을 뿐이었다. 그 외엔 이렇다 할 안전장치가 없는 게 너무나 불안했다. 나 죽었다 하는 심정으로 구명조끼의 버클을 수십 번 확인하고는 친구들 중간에 엉거주춤 끼어 앉았다. 가슴이 어찌나 뛰던지 두 눈 질끈 감고 앞사람을 꽉 붙들었다.

물속의 환영, 내 어릴 적 그 집

보트 조종사는 곧 '부앙~' 하는 엔진소리와 함께 보트를 출발시켰고 처음엔 그럭저럭 점잖았다. 수면을 미끄러지듯 부드럽게 운전했다. 그렇지만 곧 본색을 드러냈다. 운행속도가 점점 높아지더니 무리한 커브 돌기로 보트가 콩 튀듯 팥 튀듯 했다. 귓전에 부는 바람이 머리카락을 세차게 휘날리며 볼 따귀를 때려서 나는 정신이 하나도 없었다. 앞에 앉은 친구의 옆구리를 나도 모르게 쥐어뜯었나 보다. 친구는 아픔 때문인지 속도의 쾌감 때문인지 모를 비명을 '아아아' 하고 질러댔다.

다음으로 기억하는 순간은 물 속이었다. 눈 깜짝할 새에 보트가 뒤집히고 시퍼런 물속으로 풍덩 내쳐졌다. 깊이를 알 수 없는 땅속으로 추락하는 이상한 나라의 앨리스처럼 나는 심연으로 오래오래 떨어졌다. 여기서 이렇게 죽는 건가? 사람이 죽기 직전에는 지나간 생의 순간들이 파노라마처럼 펼쳐진다더니, 물속에서 무언가 번쩍이는 섬광을 본 것 같았다. 그리고 그 눈부신 빛 속에 어릴 적 살았던 집의 형상 같은 게 떠올랐다가 사라졌다. 내 기억 속 최초의 집, 자그마한 뒤뜰이 달린 소박한 주택이었다. 그 집을 생각하면 한여름날 손에 쥐고 놀았던 따끈한 공깃돌의 감촉과 햇볕에 바싹 마른 홑이불 냄새 같은 게 함께 떠오른다. 동생과 마주 앉아 소꿉놀이하던 마당의 파릇한 잔디, 강아지가 컹컹 짖던 소리, 엄마가 지글지글 끓여 한여름 온 집안에 진동하던 딸기잼의 냄새도. 어쩌면 나는 그런 색깔과 냄새와 소리의 파노라마 속에서 잠깐이나마 죽음의 세계에 닿아 있었던 듯하다.

얼마나 시간이 흘렀을까, 몸이 저절로 떠올랐다. 구명조끼의 부력이 내 몸을 수면 위로 밀어냈다. 삼켰던 물을 뱉곤 숨을 헐떡이며 공기를 들이마셨다. 살아야겠다는 동물적 본능으로 저만치 떠 있는 바나나 보트를 향해 허우적대며 헤엄쳐 갔다. 그러고는 상체를 지렛대 삼아 보트에 올라탔다. 죽을 뻔했지만 누구 탓을 할 것인가? 보트를 타보겠다고 한 건 난데. 그나저나 물속에서 보았던 건 환영이었을까? 혹시 말로만 듣던 임사 체험?

물속에 보존된 삶의 역사
《할아버지의 바닷속 집》

물이 조금씩 차올라 수몰이 진행되는 마을, 잠긴 집 위에 계속 새집을 지어 홀로 살아가는 할아버지가 있다. 할아버지는 날마다 일용할 양식을 손수 마련해 먹고 지붕에는 밀과 닭을 키운다. 가끔 지나가는 배에서 과일이며 채소를 사고 밤에는 파도 소리를 자장가 삼아 잠이 든다.

어느 날, 할아버지는 또다시 물이 차오르는 것을 보며 새집을 지으려고 톱과 망치를 든다. 하지만 아차 하는 순간, 소중한 연장이 물속에 빠져버린다. 하는 수 없이 잠수복을 갖춰 입고 물속으로 들어간다. 물 아래엔 무엇이 있을까? 바로 예전에 살았던 집, 사랑하는 가족들과 함께했던 공간들이 조용히 가라앉아 있다. 삼 층 아래 집

《할아버지의 바닷속 집》 히라타 겐야 글·가토 구니오 그림

은 가족들에 둘러싸여 할머니가 임종하던 집이고 그 아래 집은 두 부부가 알콩달콩 일상을 이어가던 집이다. 더 아래로 내려가면 큰딸을 시집보내던 때의 집, 첫 아이가 태어나 기뻐했던 집…, 켜켜이 쌓여 있는 과거로 들어가던 할아버지는 이윽고 맨 아랫집, 한동네에서 나고 자란 아내와 결혼하여 살던 신혼집에 닿는다. 할아버지는 그 앞에 우두커니 앉아 한참을 상념에 젖는다.

어느새 장면이 바뀐다. 하늘은 맑고 파도는 잔잔해 퍽 아름다운 날이다. 어디서 날아왔는지 모를 민들레 씨앗

이 집의 외벽 틈새에 노란 꽃을 피워냈다. 그걸 보며 할아버지는 빙그레 웃는다. 할아버지의 삶은 계속되는 걸까?

수장된 과거, 오늘의 토대로 삼아

아련한 정서를 불러일으키는 노란색과 초록색 파스텔 톤으로 그려진 이 그림책은 12분짜리 단편 애니메이션을 전신으로 한다. 2009년에 개봉한 〈스미키노이에〉▩는 제81회 아카데미상 단편 애니메이션 부문에서 상을 받은 작품이다. 그 뒤에 영화감독인 가토 구니오가 그림을 그리고 각본가인 히라타 겐야가 글을 써서 그림책으로 출간했다. 출간 뒤에는 수십만 부가 팔리며 전 세계의 독자들에게 깊은 감동을 선사하고 있다.

물이 계속 차오르는 집에서 긴 세월을 살았고, 지금도 살고 있는 한 인물에 대한 이야기이다. 맨 아래층 집부터 현재 할아버지가 사는 집에 이르기까지 과연 얼마만 한

▩ '작은 벽돌로 쌓은 집'이란 뜻.

시간이 흐른 것일까? 심연에 자리한 가장 아랫집이 갓 결혼했을 때의 첫 집이었고 할아버지는 현재 꽤 연로한 노인이니, 적어도 육십여 년 정도의 세월이 흐르지 않았을까 싶다. 그동안 켜켜이 쌓인 집은 적어도 십 층 이상일 것이다. 한 인간의 생애에서 실로 유장한 세월과 너른 공간이 아닐 수 없다. 떨어진 연장을 주우려고 들어간 물속에서 할아버지는 자신의 지난 삶과 조우한다.

할아버지에게 물속에 잠긴 집을 본다는 건 어떤 의미일까? 아마도 잊혀진 과거 속으로 침잠해 들어가 그 당시의 기억과 대면한다는 것일 테다. 아래로 내려갈수록 시간은 더 먼 과거로 소급하고 추억은 한층 아련하고 애틋해진다. 어쩌면 기억의 심연으로 향할수록 더 원초적인 기쁨에 다가서는 것인지도 모른다. 수면을 경계로 해 '물 위'가 현존과 실존의 시간, '물 아래'가 지난 과거를 상징한다고 본다면 할아버지에겐 그 두 개의 시간과 공간이 똑같이 소중하다.

누구에게나 물 밑에 가라앉은 지난 삶이 있다. 시간이 흐르면서 기억과 추억이 과거 속에 묻힌다. 그렇다면 그것들은 반드시 사멸하고 상실되는가? 그렇지는 않을 것이다. 우리는 오늘을 살아야 하기에 지난 생의 경험을 기억의 저장고에 넣어두지만, 아프고 고단했던 기억은 시간이 흐를수록 흐릿해지지 않고 더욱 선명해지기도 한다. 실수로 망쳐버린 일, 헝클어져 멀어진 관계, 잃어버린 물건, 마음에 응어리로 남은 것. 차라리 수장해 버리고 싶은, 깊은 물 속에 밀어 넣고 다시는 대면하고 싶지 않은 순간들이다. 우리는 물 아래는 영원히 잊고 '지금, 여기'라는 명분 아래 물 위의 시간만을 긍정하려고 한다.

그렇지만 그림책 속 할아버지는 물 아래와 물 위, 두 개의 시간대를 포용한다. 돌아보면 애틋하고 아픈 상실의 기억이지만 한없는 행복의 원천이기도 했던 과거의 시간과 공간을 있는 그대로 받아들인다. 그리고 그것을 토대 삼아 끊임없이 새집을 지어 올리고 있다. 지난 시간이 없었다면 오늘 이 순간도 없음을, 물 밑에 가라앉은 시루떡 같은 삶의 토대가 없었다면 오늘 내가 발을 딛고 설 이 땅도 없음을 받아들인다. 가족과 함께했던 과거의 추억을 양분 삼아 하루하루 기쁘게 살고, 나아가 내일을 꿈꾼다.

생각해 보니 바나나보트에서 떨어져 물속에 빠졌던

경험도 그리 나쁘지만은 않았다. 내 기억 속에 생생히 살아있는 옛집을 다시 보았으니까. 언제든 마주하고 싶은 빛나는 내 삶의 한때였다.

용기를 내어 다시 한번 바나나 보트를 타볼까 한다. 기꺼이 풍덩 물에 빠져 기쁨과 슬픔, 상처와 환희를 담고 있는 물속의 내 집들을 보고 싶다. 그 안에서 펼쳐졌던 내 삶의 파노라마를 마주하고 싶다. 그러고 나서야 나는 비로소 그림책 속 할아버지처럼 다시금 밤바다의 노래를 듣고 별을 바라보게 될 것이다. 독자 여러분도 지나간 삶의 추억을 물 밑에서 길어 올려 보기를.

함께 보면 좋아요

《나는 기다립니다》(다비드 칼리 글·세르주 블로크 그림)

'나'는 많은 것을 기다린다. 엄마가 구운 케이크를, 크리스마스를, 사랑하는 이가 응답해 주기를, 아기를. 그리고 또 기다린다. 독립한 자녀들의 전화를, 아내가 병석에서 일어나기를, 다시 봄이 오기를…. 간결한 그림에 오브제(빨간 실)로 이 모든 얘기를 엮어낸 작가는 천재가 아닐까? 사랑하는 이와 이별하고 덩그러니 혼자가 되었으나 삶은 이어지고 가족의 역사는 계속된다. '끝'이 아니라 '끈'. 우리가 죽기 전에는 절대 죽지 않는다는 뻔한 진리를 되새겨주고 그림책 한 권으로 인생을 보여주는 탁월한 작품.

《나비 엄마의 손길》(크리스티앙 볼츠 글·그림)

엄마를 잃은 아들과 아내를 잃은 남편, 부자가 꽃밭에 나와 있다. 아빠는 괭이 들고 흙을 골라 무씨를 뿌리고 물을 준 다음 벚나무도 심는다. 술도 한 잔씩 마셔가며. 어린 아들은 곁에 서 있다가 엄마는 땅속과 하늘 중 어디에 있냐고 묻는다. 놀랍게도 엄마는 바로 곁에 서서 남편과 아들이 주고받는 이야기를 다 듣고 있다. 그리고 마지막엔 남편의 술병을 슬그머니 감춘다. 두 남자가 씩씩할 수 있는 건 이런 사랑의 손길 덕분 아닐까? 봄이 와서 꽃 피고 나무가 뿌리를 내리면 둘은 더욱 행복할 것이다.

《막두》(정희선 글·그림)

6.25 전쟁통에 부모와 생이별하고 낯선 고장 부산에서 혈혈단신 억척같이 살아낸 '막두'. 생선 비늘 긁어 장사하느라 온몸에 비린내 밴 인생이다.

언제나 그리운 부모님. 헤어지면 만나자던 '영도다리'는 그녀에게 영원한 아픔이 되었다. 멈춰있던 영도다리가 다시 올라갈 때, 눈물로 지켜보던 막두는 영차, 다시 살아보자고 힘을 낸다. 먼 훗날, 막두가 생명 다해 다른 세상으로 건너가면 그토록 그립던 부모님과 해후하기를.

《프리다》(조너 윈터 글·아나 후앙 그림)

극한의 고통 속에서도 불굴의 의지로 예술혼을 불태웠던 멕시코 화가 '프리다 칼로'의 삶을 그린 작품이다. 교통사고는 그녀의 삶을 영원히 바꿔 놓았고 평생 사랑했던 남편 '디에고 리베라'는 그녀에게 지극한 사랑과 엄청난 아픔을 동시에 주었다. 부러지고 꺾인 세월 속에서 그녀는 무슨 힘으로 살아냈던 걸까? 울며 통곡하면서도 자신에게 주어진 삶을 최선을 다해 살아낸 여인, 예술의 역사에 길이 남은 그녀, 프리다의 이야기.

《간식을 먹으러 온 호랑이》(주디스 커 글·그림)

'소피'가 엄마랑 차를 마시고 있는데 느닷없이 벨이 울린다. 어머나, 커다란 호랑이다. 자기도 차를 함께 마실 수 있겠느냔다. 모녀는 호랑이를 기꺼이 맞아들여 차와 다과를 대접한다. 집 안의 먹거리가 동이 나고 호랑이는 인사를 남긴 채 떠나간다. 다음날, 엄마와 함께 장을 보러 간 소피는 호랑이가 또 찾아올 때를 대비해 '호랑이 사료'를 사놓지만, 호랑이는 다시 오지 않는다.

이 그림책에 대해 프랑스 작가 알랭 드 보통은 '회복탄력성'에 대해 얘기했다. 호랑이를 예기치 않은 손님, 생각지도 못한 삶의 어려움으로 해석한다면 그가 말한 회복탄력성의 유무가 참 중요하겠다. 삶은 계속되니까.

《우리 아빠는 위대한 해적》(다비드 칼리 글·마우리치오 A. C. 콰렐로 그림)

'나'의 아빠는 멋진 해적이다. 아무도 모르는 곳에 보물을 숨겨 놓았고, 개성이 강한 동료들과 일하고 있으며, 집에 돌아올 때면 항상 선물을 가져온다. 하지만 아홉 살의 여름, 나는 아빠의 정체를 알게 되고 크게 실망한다. 잃어버린 꿈, 녹록하지 않은 현실, 그런데도 다시 살아갈 용기와 희망을 품게 되는 이야기. 어린 아들의 진심 어린 행동이 아빠를, 온 가족을 다시 살아가게 할 것이다.

〈결정적 순간〉(앙리 까르띠에 브레송 사진)

프랑스의 사진작가 브레송은 "평생 결정적 순간을 카메라로 포착하려고 했다. 하지만 실은 인생의 모든 순간이 결정적 순간이었다."라고 말한 바 있다. 그렇다. 산다는 건 선택의 여정이고 그 하나하나의 결정이 우리 인생을 돌이킬 수 없는 방향으로 안내한다. 돌아보면 후회스럽기도 하지만 그때는 그것이 최선이었고 우리는 엄청나게 숙고했다. 풀쩍 뛰어 웅덩이를 뛰어넘을 때가 있으면 도랑에 빠질 때가 있었고 사랑의 환희에 들뜰 때가 있으면 이별하고 한없이 울 때도 있었다. 이 모든 것을 기꺼이 수긍해야 할 터.

〈파라예를 위한 저녁 9시에서 10시의 시: 1945년 9월 24일〉
(나짐 히크메트 시)

"가장 아름다운 바다는 아직 건너지 않았다 (…) 우리의 가장 아름다운 날들은 아직 살아보지 못한 날들이다"

삶에 많은 일이 있었더라도 가장 아름답고 찬란한 걸 향유할 수 있다면 희망이 있다. 가슴 뭉클해져서 몇 번이고 거듭 읽게 되는 시.

나가는 글

사는 일이 늘 그렇듯 이 책을 쓰는 동안 많은 일들이 있었습니다. 어깨가 축 처지는 날들 가운데에서도 기쁘고 보람찬 순간은 있었지요. 따뜻한 시선과 손길을 느낄 때마다 마음이 뭉클해져서 산다는 건 참 고마운 일이구나 생각했습니다.

무한한 사랑을 주시는 부모님, 살아가는 이유이자 기쁨의 원천인 나의 딸 예진에게 첫 번째 고마움을 전해요. 언제나 우리 가정을 위해 기도해 주시는 곽성민 베네딕토 신부님과 정 다니엘 수녀님, 부족한 책이지만 품에 안고 만나 뵈러 가겠습니다.

웰다잉의 세계로 이끌어주신 홍영숙 선생님, 학문과 삶의 좋은 스승이자 웰다잉 문화 확산에 힘쓰고 계신 '대한웰다잉협회' 최영숙 회장님과 협회원분들, 따뜻한 가슴으로 상실 가족을 안아주시는 '메리포터호스피스영성연구소'의 손영숙 까리따스 수녀님께도 감사 인사를 드립니다. 끊임없이 가르침을 주시는 사회학자 김찬호 교수님, 이야기의 세계를 함께 나눴던 스토리텔러 김안숙 선생님 고맙습니다. 그림책 세계의 스승이신 김난령 선생님과 '그글동'의 다정한 길동무 선생님들, 벗이자 훌륭한 그림책 강사인 안영신 선생님, 그림책 도반이자 든든한 지원군인 배주홍, 김주현, 윤세은, 배정은 선생님, 모두 감사해요.

바다 건너 멀리 있어도 마음은 늘 옆에 있는 친구 준영과 효민, 어려움 한가운데 있을 때 "이제부터 꽃같이 살아." 하면서 꽃다발을 안겨준 손현정 언니, 배려 넘치는 친구 강혜경 박사, 새로운 벗 김선순 시인, 늘 유쾌한 동창 김수희, 대화의 반이 웃음인 이진 선생님, 책을 출간해 보라고 격려해 주신 독서교육 전문가 김태리 선생님, 그대들이 나누어 준 온기를 잊지 않을게요. 끝으로 멋진 모토를 가진 초록비책공방의 윤주용 대표님과 2023년 12월 "우와, 귀한 크리스마스 선물이 왔네요!" 하고 기뻐하던 류정화 편집자님에게 감사를 전합니다. 덕분에 이 책이 세상의 빛을 보게 되었어요.

무엇보다 한 장 한 장 넘기며 책을 읽어주신 독자 여러분께 머리 숙여 감사의 마음을 전합니다. 더 진실하게 삶과 죽음을 탐구하고 더 풍성하게 그림책으로 마음을 나누겠습니다. 기꺼운 걸음으로 함께해요.

2024년 가을 중턱에서, 손희정